一本书读懂中小企业
合规之道

王海燕◎著

中国铁道出版社有限公司
CHINA RAILWAY PUBLISHING HOUSE CO., LTD.

图书在版编目（CIP）数据

一本书读懂中小企业合规之道 / 王海燕著. -- 北京 ：中国铁道出版社有限公司，2025. 9. -- ISBN 978-7-113-32556-5

Ⅰ. F279. 243

中国国家版本馆 CIP 数据核字第 20255AR102 号

书　　名：**一本书读懂中小企业合规之道**
YI BEN SHU DUDONG ZHONG-XIAO QIYE HEGUI ZHI DAO

作　　者：王海燕

责任编辑：王淑艳　　**编辑部电话**：（010）51873022　　**电子邮箱**：554890432@qq. com

封面设计：宿　萌

责任校对：苗　丹

责任印制：赵星辰

出版发行：中国铁道出版社有限公司（100054，北京市西城区右安门西街 8 号）

网　　址：http：//www. tdpress. com

印　　刷：三河市宏盛印务有限公司

版　　次：2025 年 9 月第 1 版　2025 年 9 月第 1 次印刷

开　　本：710 mm×1 000 mm 1/16　**印张**：12. 5　**字数**：200 千

书　　号：ISBN 978-7-113-32556-5

定　　价：58. 00 元

前言

中小企业被认为是经济的重要组成部分，越来越多的中小企业能够实现长期健康的发展。稳定运营不仅是中小企业本身的希冀，也是社会的愿景。在这样的社会环境下，实现财税合规成为中小企业的共同追求，也是其实现可持续发展的关键。对于中小企业而言，实现合规经营与持续发展，不仅限于日常生产、销售及存货管理等基础环节。合规性的核心之一在于财税管理的精细化。因此，中小企业必须对税务、会计、审计及内控等关键领域严格把控。本书通过系统地介绍财务合规、税务策略、审计管理、内部控制等关键环节，为读者设计一套完整的财税合规解决方案。

第一章中小企业财务合规概述，主要探讨财务合规的重要性，分析中小企业在财务合规方面所面临的挑战，并阐述合规与企业发展的内在联系。通过对企业财务活动的规范管理，中小企业可以有效防范财务风险，提升企业信誉，为企业的稳定增长打下坚实的基础。

第二章税务合规策略与规划，主要介绍如何制定有效的税务合规策略，合理分配税务业务资源，并提供定制化的税务解决方案。中小企业需要根据自身的经营特点和市场环境，制定符合自身发展的税务合规策略，以确保企业税务活动的合法性和效率性。

第三章税务合规的执行与监控，重点讨论如何审核税务项目与报告，确保税务活动的透明度和准确性。同时，还将探讨如何加强税务沟通，深入理解企业需求，以及如何应对税务政策的变化，确保企业能够及时调整税务策略，避免不必要的法律风险。

第四章税务与会计团队建设，主要介绍如何组织从业人员税务培训与学习，提升会计专业水平，以及如何解决复杂会计问题。通过不断地学习和实践，税务与会计团队能够更好地适应市场变化，为企业的合规管理提供有力支持。

第五章内部会计服务质量控制，主要阐述如何建立质量控制体系，监督会计业务的执行，并引入新的会计理念，以提高会计工作的整体水平。通过有效的质量控制，企业能够确保财务信息的真实性，为决策提供有力支持。

第六章审计质量流程控制，详细介绍如何确定审计重点与风险领域，制定审计程序与方法，编制审计工作底稿与审计报告、审计项目的计划与安排、项目监控与风险管理，以及如何提供技术支持、团队培训与开展各类审计项目，制订咨询业务规划，组建项目团队。通过有效的团队管理，高效地完成审计任务，为企业的合规管理提供有力保障。

第七章财务质量流程优化，主要介绍财务流程评估、系统引入与平台构建、跨部门整合与持续改进等。

第八章内部控制与风险管理，主要阐述内部控制的重要性，风险评估与管理的方法，以及合规性检查与改进的措施。通过建立完善的内部控制体系，企业能够有效防范和控制风险，确保企业的稳健运营。

最后，我由衷地希望本书的内容可以为诸多中小企业的管理者提供一定的启迪，能够助力他们走得更加稳健。同时，我也衷心地感谢每一位帮助和支持我的人，你们的力量才是这部作品顺利完成的关键动能。

王海燕

2025 年 3 月 1 日

目　录

第一章　中小企业财务合规概述

第一节　财务合规：中小企业的生存之本 / 002

第二节　合规挑战：中小企业的发展路径 / 006

第三节　企业成长：财务合规与企业发展的关系 / 011

第二章　税务合规策略与规划

第一节　税务规划：合理制定税务合规策略 / 017

第二节　税务资源：高效分配税务业务资源 / 022

第三节　税务处理：定制化税务解决方案 / 027

第三章　税务合规的执行与监控

第一节　税务审核：项目与报告的精细审查 / 036

第二节　税务沟通：深入理解与有效互动 / 042

第三节　税务政策：灵活应对与及时更新 / 050

第四章　税务与会计团队建设

第一节　税务培训：组织定期培训与学习 / 054
第二节　会计专业：提升员工能力水平 / 061
第三节　问题路径：正确处理复杂会计问题 / 067

第五章　内部会计服务质量控制

第一节　质量控制体系：建立与维护 / 073
第二节　会计业务监督：执行与优化 / 077
第三节　新会计理念：引入与实践 / 082

第六章　审计质量流程控制

第一节　审计核心：定位审计重点与风险领域 / 091
第二节　审计程序：明确审计流程与审计方法 / 097
第三节　审计报告：审计底稿编制与报告撰写 / 104
第四节　后续沟通：与管理层进行沟通与协调 / 110
第五节　财务报表审计：透过数据揭示问题 / 112
第六节　审计计划：项目规划与时间安排 / 123
第七节　项目监控：风险控制与质量保证 / 129
第八节　技术支持：团队培训与专业指导 / 131
第九节　实地审计：工作执行与效果评估 / 134
第十节　审计项目：开展与执行审计项目 / 138

第十一节　项目团队：审计团队组建与计划制订 / 142

第七章　财务质量流程优化

第一节　财务流程评估：现状诊断与优化需求 / 151
第二节　技术支持：系统引入与平台构建 / 157
第三节　协同增效：跨部门整合与持续改进 / 163

第八章　内部控制与风险管理

第一节　内控重要性：企业合规的重要保障 / 176
第二节　风险管理：评估与风险应对 / 180
第三节　合规性检查：持续改进与优化 / 187

后　记 / 191

第一章　中小企业财务合规概述

中小企业财务合规是企业经营中的重要环节，直接关系企业的合法运营和可持续发展。然而，许多中小企业在财务合规方面存在一定的不足，主要表现在税务申报不规范、账务处理不准确、内部控制缺失等。

财务合规不仅是法律要求，也是企业管理水平的体现。通过健全财务体系、加强内部审核、规范财务报表编制等措施，中小企业可以有效降低法律风险、提高运营效率。

第一节　财务合规：中小企业的生存之本

企业发展以资金为中心，不是说有资金就可以保证企业一定有所发展，如果不能保证资金的正常运转，即使有再多的资金，企业还是有可能会寸步难行。财务合规是企业运营的命脉所在。

案例一

A企业为了确保财务活动的合规合法，选择在内部实施财务管理制度。同时，该企业还组织了定期的财务合规培训活动，帮助员工提高认识。这些措施的有效实施，为企业的长期发展奠定基础。

案例二

B企业在财务部门增设了专门负责和监督合规的岗位，保证所有的财务活动都能够遵守相关法律法规的要求。同时，该企业还选择引入先进的财务管理系统，在实时监控和分析财务数据的基础上提高了自身的运营效率。

案例三

C企业一方面在财务部门设立合规专员，他们主要负责监督和审查企业的财务活动，保证相关工作都在合规合法的范畴内进行；另一方面，该企业还加强与政府部门的沟通与合作，目的是能够及时掌握最新的法律法规动态，保证日常财务活动都是合理的、合规的、合法的。正是因为这些策略的实施，才帮助该企业实现了财务合规，并提升了自身的社会形象和市场竞争力。

案例四

D企业十分关注合规部门员工的工作态度及工作积极性，旨在促进财务活动不断地趋向合规。另外，该企业还与合作的金融机构深入了解与沟通，明显提高了自身的融资能力与信用评级。随着相关措施的落实，该企业成功降低了经营风险与财务成本，从而实现了可持续发展。

上述几个案例体现出财务合规可以在多个方面发挥作用。从目前的市场发展形势来看，几乎所有企业都在追求财务合规，也都渴望实现财务合规，力图通过这一举措来达到长期稳定发展的目的。那么，我们需要弄清楚几个问题：

什么是企业财务合规？

企业为什么重视财务合规？

企业如何实现财务合规？

有的企业认为只要安分守己就可以实现合规，于是在日常运营过程中按部就班，往往导致因为缺乏前进的勇气而落于人后。

有的企业认为利用合规发挥一次作用就算成功，于是在维持一段时间后就放松管理，它们大多会因为眼界限制而陷入困境。

每家企业都想要长久地生存、稳定地发展，重视财务合规固然正确，但是如果不清楚其实质与作用，那么企业很有可能会陷入困境。

一、什么是企业财务合规

企业财务合规，主要是指企业在经营过程中，严格遵守国家法律法规、行业标准和建立内部财务管理制度、重视财务信息披露、坚持防范财务风险，从而确保所有的财务活动达到合规、合法、透明的目的。

1. 遵守国家法律法规

为了保证所有财务活动的合法合规，企业需要遵守有关财务管理的各项法律法规，例如《中华人民共和国会计法》《中华人民共和国税收征收管理法》等。

2. 遵循行业标准

行业不同，运营和发展的标准也会有所区别。企业在进行财务管理时，应该遵循所在行业的标准，保证内部财务活动能够与行业要求一致。

3. 建立内部财务管理制度

合规的财务管理需要健全的内部财务管理制度加持。企业应该关注审批流程、预算管理、成本控制、资金管理等制度建立，保证财务行为的合法合规。

4. 重视财务信息披露

为了获得社会认可和客户信任，企业应该将财务信息真实、准确、完整地披露，以便于监管机构、投资者和公众了解。

5. 坚持防范财务风险

财务风险对财务合规有很大的限制与阻碍，企业应该建立完善的风险防范机制，旨在及时发现并应对相关风险，保证自身的资产安全与财务稳定。

二、企业为什么重视财务合规

首先，企业在遵守相关财务法规与标准的时候，往往可以避免因违规操作而产生的法律风险与经济损失，可以有效促进企业的经营合规，保证所有的财务活动都可以在法律法规的框架内开展。

其次，企业深刻知晓财务违规行为对企业形象的危害，我们在追求财务合规的过程中，同时也可以实时监测财务活动的合理性，从而能够及时规避风险、减少损失，以此达到维护声誉、提升形象的目的。此外，企业想要实现财务合规，就需要建立健全的财务制度与流程，这能够帮助我们更好地监控和管理财务活动，从而提升相关决策的准确性和可应用性，同时也有利于提高运营的透明度。

最后，企业重视财务合规也可以增强自身的竞争优势。

三、企业如何实现财务合规

如何通过财务合规落实具体工作如图 1-1 所示。

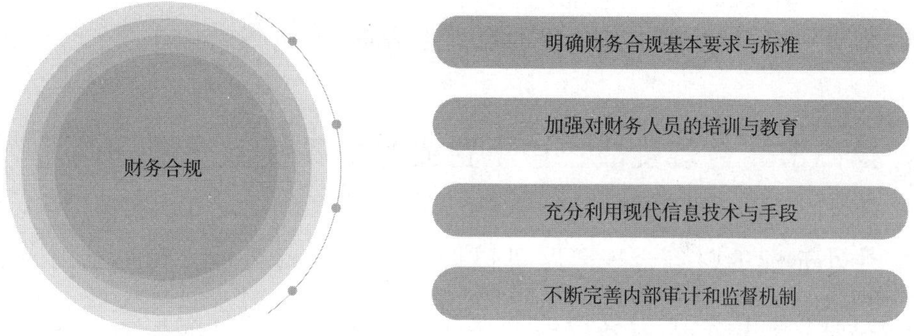

图 1-1 企业如何实现财务合规

1. 明确财务合规基本要求与标准

企业的财务活动理应在合规合法的范围内进行，所以我们需要健全财务管理体系。了解和遵守国家相关法律法规、行业标准、内部财务管理制度等基本要求和标准就成为首要举措。

2. 加强对财务人员的培训与教育

财务活动是否合规合法，财务人员的专业知识与合规意识是确保财务活动合规性与规范性的关键。因此，企业需要加强对财务人员的培训与教育，帮助他们提高专业素养与合规意识。

3. 充分利用现代信息技术与手段

与人工相比，引入先进的财务管理系统或软件显然更有效率，企业应充分利用现代信息技术和手段来助力财务合规。例如，引入财务自动化工具后，企业就可以实时监控与分析财务数据，从而能够及时发现并纠正财务活动中的不合规行为。

4. 不断完善内部审计和监督机制

为了确保财务合规的持续改进与优化，企业需要定期进行内部审计，这样就可以及时发现财务活动中的问题并有足够的时间去应对。同时，我们也应该建立完善的监督机制，旨在督促财务人员的工作行为，保证财务活动能够在合规的轨道上开展。

第二节　合规挑战：中小企业的发展路径

中小企业的财务合规之路可以说得上是任重道远。在追求财务合规的过程中，诸多中小规模的企业难免会遇到一些挑战，主要集中在法律法规的变化及企业内部资源方面的限制。

甲公司是一家专注于软件开发和信息技术服务的中小企业，在最近一段时间内，公司规模逐渐壮大，但同时也面临着财务合规方面的挑战。

针对不同的困难与挑战，该公司也制定了相应的处理措施，大致如下：

1. 法律法规方面的挑战及应对措施

国家对中小企业合规要求的不断提高是有目共睹的，在这样的背景下，甲公司在财务政策与法规方面就遇到了不少挑战。例如，国家税务总局发布《国家税务总局关于调整增值税纳税申报有关事项的公告》（国家税务总局公告2025年第2号），要求企业必须按照规定进行进项税额抵扣。公司财务部门在短时间内难以适应这一变化，导致部分业务处理出现错误。

应对措施：甲公司聘请了一名经验丰富的财务顾问，定期对公司财务人员进行培训，确保他们可以及时了解并掌握最新的法律法规。同时，该公司还引入了一套财务软件，以自动化的方式应对政策变化，减少人为错误。

2. 内部管理方面的挑战及应对措施

由于公司规模的扩大，甲公司原有的内部管理机制已经无法满足当前的业务需求。例如，公司内部工作运营过程中存在多头审批、职责不清等问题，导致财务流程混乱，影响了财务合规的实施。

应对措施：甲公司对内部管理机制进行了全面梳理，重新设计了财务审批流程，明确了各部门及员工的职责。此外，公司还建立了财务监督机制，定期对财务活动进行审计，确保财务合规。

3. 专业人才方面的挑战及应对措施

业务扩展的同时，使得甲公司对财务专业人才的需求越来越大。然而，由于该公司规模较小，难以吸引和留住优秀的财务人才。

应对措施：甲公司加大了对现有财务人员的培训力度，提升他们的专业能力。同时，该公司还与当地高校合作，引进实习生，为公司注入新鲜血液。此外，管理人员还决定提高财务人员的薪酬待遇，留住优秀人才。

4. 成本控制方面的挑战及应对措施

在追求财务合规的过程中，企业需要投入大量资金购买财务软件、聘请顾问等，这无疑增加了甲公司的运营成本。然而，该公司管理层在成本控制方面存在疑虑，担心合规投入会影响公司的盈利能力。

应对措施：甲公司对财务合规投入进行了详细的成本效益分析，明确了合规投入对长期发展的重要性。同时，该公司还制订了合理的预算，确保合规投入在可控范围内。通过这些措施，该公司的管理层逐渐认识到财务合规的必要性，开始支持合规工作。

我们可以对上述案例进行分析，能够总结出一些内容：中小企业在追求财务合规的过程中，需要不断适应法律法规的变化，完善内部管理机制，培养和引进财务专业人才，以及平衡成本控制与合规投入之间的关系，如图 1-2 所示。

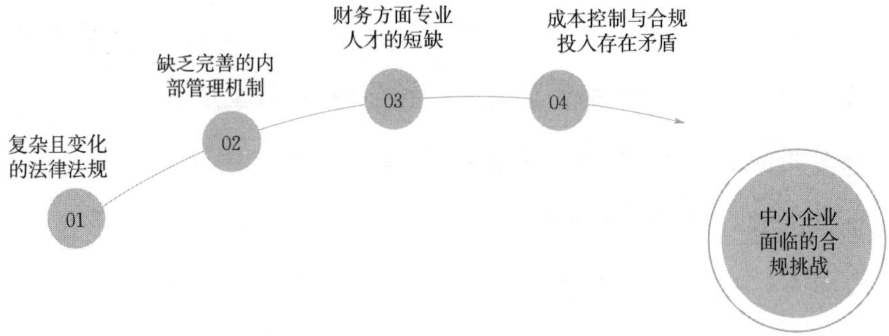

图 1-2　中小企业面临的合规挑战

一、复杂且变化的法律法规

中小企业的财务合规在表面上看来是体现在财务方面的，但事实上法律合规却是一切财务活动的首要条件。在企业运营的过程中，不管付出了多少人力、物力成本，如果背离法律法规，那都是不允许、不可取的。因此，企业必须在遵守法律的同时，不断地适应法律条款修订所带来的市场环境变化，并努力实现财务合规。

我们客观地看待与了解现代社会情形，就会发现与经济市场相关的法律法规变得越来越复杂，并且变化的速度很快、周期也很短，这对中小企业来说，是财务合规道路上的巨大挑战之一。另外，针对中小企业财务合规方面的法律法规有很多，这些条款不会独立存在，彼此之间相互关联和交叉，从而增加了企业理解与执行的难度，必须通过投入大量资源来确保财务合规。

二、缺乏完善的内部管理机制

一时的成功或许可以赢得声誉，但长久的实力才是中小企业经得起探究与推敲的关键，所以在追求发展的同时，企业还需要时刻关注对内部的管理。内部管理机制的健全与否，直接关系到企业的运营效率与财务健康。

从财务合规性方面分析，内部管理机制可以提高员工的合规意识，也可以降低财务合规活动带来的负面影响，还可以为企业的财务活动提供明确方向：

首先，员工培训是内部管理的工作之一。大部分员工在企业内都是循规蹈矩，他们眼中往往只有自己的工作内容，很难主动考虑企业的财务合规情况，所以我们可以通过定期的培训来加深员工对财务合规的理解与重视，进而可以在日常工作中自觉遵守相关的规章制度。

其次，内部管理机制不完善会使得财务合规产生负面影响。当企业缺少明确的财务政策和合理流程时，很有可能会面临交易处理不规范、财务报告不准确等问题，这对企业很不利，甚至可能会导致法律诉讼和罚款。因此，我们可以通过完善内部管理机制来及时掌握财务合规情况，从而促进相关工作的落实。

最后，财务活动所需要的指导可以由内部管理机制提供。制定准确的财务政策和详细的财务程序，企业的财务活动才可以有所依托，保证每一笔交易都可以按照既定的规则进行，从而减少错误和欺诈行为的发生。另外，内部管理机制还可以帮助企业定期审计和监控财务工作，以此确保财务数据的真实性与准确性。

三、财务方面专业人才的短缺

一家企业的日常运营离不开所有部门与员工的共同努力，就财务合规工作而言，为了保证每个环节都能够顺利完成，企业需要保证财务专业人才的充足。

实现财税合规的过程中会有不少风险，它要求财务人员具备丰富的经验与技巧。例如，由于缺乏经验丰富的审计人员，企业可能无法进行彻底的内部审计，这可能造成财务报告的不准确。另外，如果财务人员缺乏专业的能力，那么提供的数据可能不全面，这对企业的财务决策来说很容易产生负面影响。

若中小企业处于快速发展的阶段，它需要的财务人才不能只掌握理论知识，也不能只会低头猛干，而是需要注重理论与实践相结合，在处理个人工作的同时也需要不断地成长以满足企业逐渐增加的工作难度与业务需求。

对财务人才的需求与渴望，企业可以通过培养人才和吸引人才来实现。一方面，企业可以提供合理且有竞争力的薪酬福利、建立完善的培训体系、营造积极向上的工作氛围等方式，在日常生活中促进员工专业能力的提升。另一方面，企业可以与高校、教育机构等合作，在为专业人才提供实习与就业机会的同时，为未来的财务团队储备人才。

四、成本控制与合规投入存在矛盾

说到财务合规，很多人会想到与资金相关的内容，主要包括成本与投入，如果这方面的工作不能做到合理准确，诸多的财务业务就很难达到合规标准。面对这样的情况，如何在财务活动合规的同时有效控制成本，已然成为中小企业经营者必须解决的问题。

如果要确保日常财务活动符合法律法规要求，企业就必须投入一定的资金以实现合规建设，我们可以进行合规培训、制度建设、审计监督等。尽管这些投入在初期对企业来说是成本输出上的压力，但是如果后续工作顺利的话，完全可以帮助企业规避不少的法律风险或经济损失，从而可以在根本上保护企业的利益。

另外，成本输出是一个企业获得盈利的初始环节，盲目地扩大成本并不是正确的选择，企业需要进行适当的成本控制。优化财务流程、提高管理效率、减少资源浪费等，都可以成为企业降低不必要开支的有效措施，这可以帮助企业更好地进行成本控制。

企业理应找到存在于成本控制与合规投入之间的一个平衡点，所以高层管理者需要从预见的视角出发，在掌握足够准确的信息之后，通过精细化管理来实现成本控制与合规投入的双赢局面，从而确保企业可以在合法合规的情况下持续性发展。

第三节　企业成长：财务合规与企业发展的关系

财务合规看似是企业众多业务中的一种，却可以在很大程度上影响企业的发展，或促进或限制，所以我们必须重视财务合规的推进，它与企业发展之间存在着相互促进、相互依赖的关系。我们做任何事情之前都需要明白其意义。同样地，既然要促进财务合规，就需要积极探索其与企业发展的关联体现在哪些方面，具体内容如图 1-3 所示。

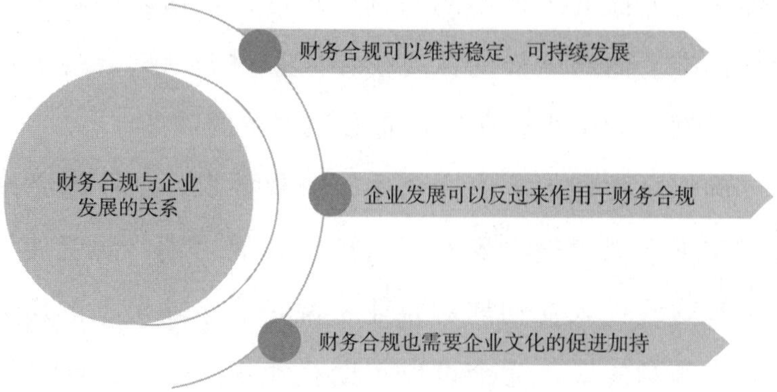

图 1-3 财务合规与企业发展的关系

一、财务合规可以维持稳定、可持续发展

一家企业之所以可以实现稳定、可持续发展，是因为它可以兼顾法规遵守、制度建立、流程构建、成本控制、资金引入等多方面的内容，而这些在财务合规过程中都有所展现。

我们可以从财务管理的角度分析，当企业达到财务合规的标准后，它就可以保证在经营活动的同时严格遵守相关的法律法规、内部财务管理制度，使得日常的财务活动合规合理，从而维持自身的稳定性和可持续发展。

另外，财务行为会发生和贯穿在企业的每一个业务项目中。如果我们可以尽可能地规避风险，就可以为企业减少不必要的损失。在构建与完善管理、审计等财务相关流程后，企业就可以及时有效地识别风险、规避风险和应对风险，这对长期发展来说亦是“佳音”。

同时，企业靠成本投入而发家，也依靠投资者支持而发展，所以稳定且长期的发展需要合理的成本控制与正确的资金引入。就成本控制而言，财务合规可以保证企业在降低成本的同时获取相同或者更高的利益；就资金引入而言，如果企业可以做到财务合规，就会得到更多投资者的认可与信任，获得更多的资金支持，从而为可持续发展提供资金助力，让企业的未来增加更多可能。

D企业在近几年加大发展力度，其业务不断扩展、规模逐渐扩大，但也面临着越来越复杂的财务及税务问题。在过去的很长一段时间里，该企业致力于实现短期利润最大化，为了达到目标，采取了一些不合规的操作，如虚报成本、延迟纳税等，现在已经成为潜在的财务风险与法律风险。

面对现在的困境，D企业及时作出改变。在摸索与学习的过程中，企业管理者发现财务合规的企业更容易应对这些艰难的挑战，于是积极分析自身问题并制订相应的解决方案。

问题诊断如下：

（1）不合规的财务操作导致企业面临税务审计风险，可能产生巨额罚款。

（2）财务数据不透明，影响投资者和合作伙伴的信心。

（3）内部管理混乱，财务人员缺乏合规意识，导致资源浪费和效率低下。

解决方案如下：

（1）引入专业财务合规顾问，对现有财务流程进行全面审查。

（2）建立健全的财务合规制度，包括但不限于财务报告、税务申报、资金管理等。

（3）加强员工培训，提升财务人员的合规意识和专业技能。

（4）引入先进的财务软件系统，实现财务数据的实时监控和分析。

（5）定期进行内部审计和外部审计，确保财务活动的透明度和合规性。

在分析问题并制订解决方案后，D企业在第一时间落实了相关工作，以下是具体的实施过程。

（1）聘请一家知名的财务咨询公司，对企业现有的财务流程和制度进行全面的审查和优化。

（2）在财务顾问的指导下，制定详细的财务合规手册，并对所有财务人员进行培训。

（3）企业投资购买先进的财务软件系统，实现财务数据的自动化处理和实时监控。

（4）建立内部审计团队，定期对财务活动进行检查，并与外部审计机构合作，确保财务报告的准确性和合规性。

正确的付出就会有明显的收获，通过不断地努力，D企业终于取得了不小的成效。

（1）财务合规性的提升使得D企业在随后的税务审计中顺利通过，避免了潜在的巨额罚款。

（2）财务数据的透明化增强了投资者和合作伙伴的信心，为企业赢得了更多的商业机会。

（3）内部管理的优化提高了财务部门的工作效率，降低了运营成本。

（4）通过持续的合规培训和文化建设，D企业逐渐形成了全员合规的良好氛围，为企业的稳定和可持续发展奠定了坚实的基础。

上述D企业的案例表明，财务合规既是企业应对法律风险的必要手段，又可以促进企业实现稳定、可持续发展。因此，企业在主张向上、向前发展的过程中，一定不要忽视财务合规方面的工作，如果不能保证财务活动的合规程度，更有可能成为一个“定时炸弹”，导致企业不能施展拳脚。

二、企业发展可以反过来作用于财务合规

对很多企业来说，发展的追求虽然强烈，但实现的过程也格外艰难，规模的扩大、业务的拓展，都提醒企业应该重视对财务合规的建

设与落实，如此这般，才可以更好地适应不断变化、越发复杂的市场环境与监管要求。

财务合规对企业发展的作用甚是明显，然而，企业发展也可以反作用于财务合规，正是因为企业的有力发展，才可以为其创造更多的利润。基于此，企业就会投入更多的资金到优化财务流程、加强内部控制、提供人员培训等项目中，也就可以让财务合规更准确、更深入地落实下去。

企业的规模越大，我们所能获取的财务信息就越全面、越准确、越及时。当拥有足够关键信息后，企业可进一步改进原有的财务报告系统，保证有用的财务信息可以在内部快速传递和高效处理，进而为企业决策者提供信息依据。

三、财务合规也需要企业文化的促进加持

我们在强调资金对企业发展的关键性时，也需要认识到企业文化的重要性。

一个企业在拥有积极向上的文化后，就可以正确培养和提高员工的诚信意识和责任感。在财务管理过程中，很多员工会自觉遵守与财务相关的规章制度，进而促进财务合规工作的落实。

正向的企业文化可以在企业内部营造良好、和谐的工作氛围，在这样的环境中，员工的日常行为会更加自由，同时也会更加透明，在相互监督与相互展示的过程中完成工作，减少一些不正当行为的出现，从而为财务合规提供有效的道德保障。

企业文化通过日积月累而来，除了日常工作中积攒信念与认知，还需要企业在培训中加强，当员工在接受文化熏陶时，他们也会逐渐提高自己的合规意识，后续也愿意加入到财务合规的工作实践中，进而形成全员参与、全员努力的良好氛围。

第二章　税务合规策略与规划

税务合规策略与规划是企业运营中不可忽视的重要环节。合规不仅是对法律的遵守、企业社会责任的体现，还可以提升资金流动性，为企业发展创造更多价值。

第一节　税务规划：合理制定税务合规策略

税务合规是财务合规的重要内容，如果不能做到税务方面的合法，企业很难维持平稳的运营，更别说是可持续发展了。在此期间，制定税务合规策略被认为是工作的开始。

2024 年，S 企业面临的税务问题越发复杂，但是却苦于没有专业的税务规划与管理，导致在季度报税时遇到不少困难，支付罚款与利息。面对当前阶段的困境，该企业首先分析了问题所在：

第一，税务规划不足导致企业不能精准缴纳税款；

第二，对税收优惠政策没有及时了解与掌握，影响企业的资金利用效率；

第三，税务申报流程过于冗长烦琐，增加企业的运营成本与时间消耗；

在清楚当前问题后，S 企业意识到在税务方面的策略有待完善，于是制定了以下措施。

首先，聘请经验丰富的税务顾问，由其负责监督企业的税务规划与申报工作，确保符合税法规定；

其次，组织内容培训活动，旨在提高员工对税务法规的认识，保证企业的财务部门和会计团队能够及时、准确地处理税务相关的事宜；

再次，设置专门的人员积极学习税收优惠政策，并对其进行合理利用，以便于帮助企业享受政策红利；

最后，建立税务风险评估机制，定期进行税务审计，保证税务申报的准确性与合规性，以减少税务风险。

通过实施上述税务合规策略，S企业取得了以下成果。

（1）税务成本显著降低：通过有效利用税收优惠政策，企业每年享受数百万元税收优惠。

（2）运营效率提升：税务流程的优化减轻了财务部门的工作负担，提高了整体运营效率。

（3）风险管理加强：定期的税务审计和风险评估使企业能够及时发现并解决潜在的税务问题，避免了不必要的法律风险和财务损失。

S企业的案例表明，制定和实施有效的税务合规策略有助于合法合规地享受税收优惠，提高财务效率，增强风险管理能力，为长期发展奠定基础。

一、税务合规策略的目标

企业制定税务合规策略的目的是保证在遵守相关税法的前提下，合理规划税务活动。一般来说，企业税务合规策略的目标包括提高税务合规性、优化税务成本、加强风险管理等。

1. 提高税务合规，促进财务管理

如果可以制定有效的税务规划策略，并将其实施下去，企业就可以保证税务活动符合相关法律法规的要求，避免因违规操作而产生的罚款与法律风险。另外，追求税务合规，企业可以建立适合自

身实际情况的透明财务管理体系，在提高财务报告准确性与可靠性的同时为企业长期发展打下基础。

2. 优化税务成本，实现合规经营

合理的税务合规策略可以帮助我们深入分析税法相关规定，企业就可以充分利用各种税收优惠政策，合理安排税务事项。

3. 加强风险管理，防范税务风险

税收政策的变动、税务审计的不确定性、企业内部的不规范管理等，都可能让企业陷入风险之中。制定税务合规策略的一大目标是加强对各种风险的管理，帮助企业及时识别、评估和应对潜在的税务风险。良好的税务风险管理不仅可以帮助企业避免因税务不稳定引起的经济损失，还可以增加投资者及合作伙伴对企业的信任与信心，从而营造出更加有利于长期发展的外部经营条件。

二、税务合规策略的制订步骤

分析需求、确定内容、明确措施、评估效果是诸多财务相关策略制订的固有流程，税务合规策略的制定同样可以按照这个步骤进行，详细可以归纳为：分析企业税务方面的需求、确定税务合规策略的核心内容、制定税务合规策略的具体措施、评估税务合规策略的落实效果，如图 2-1 所示。

1. 分析企业税务方面的需求

我们需要了解企业涉及的业务范围、目前的财务状况、历史的税务记录、未来的发展规划等，通过对这些重要信息的收集与分析，基本就可以明确企业所面临的税务问题与潜在风险，从而可以为后面制定税务合规策略提供信息基础。

图 2-1 税务合规策略的制定步骤

2. 确定税务合规策略的核心内容

在了解企业关于税务方面的实际需求后，就可以为制定税务规划策略进行相关的准备，而确定核心内容便是第一项任务。此时，我们需要进行税务规划、税务风险管理、合规性监察、税务争议解决等，这些都需要结合企业的具体情况而定，以此保证最终策略具有针对性和实用性。

3. 制定税务合规策略的具体措施

在确定核心内容后，税务合规策略中的措施就有了设定的依据，我们可以选择合适的税务规划方法、建立完善的税务风险预警机制、定期进行税务合规性审查、及时预案并应对税务争议等。每一项措施都不是随波逐流地“复制”，而是根据企业实际需求，在详细规划后的选择性“学习”，从而确保措施的可操作性和有效性。

4. 评估税务规划策略的落实效果

制定税务规划的具体措施后，并不代表该策略就一定是有效的、正确的，我们还需要通过定期的评估与调整来保证和维持策略的落实效果。评估必定先于调整，我们需要评估税务成本的情况、税务风险的控制效果等，在得到评估信息后，就可以在此基础上及时调整，以此确保税务服务策略能持续有效。

三、税务合规策略的实施

企业税务合规策略的实施讲究“天时、地利、人和”，“天时”是指需要有明确的时间安排表；“地利”是指要有足够的资源与技术；“人和”是指必须有专门的负责人员；另外，我们还需要对实施效果作出准确的监督和评估。

1. 制订策略实施时间表

当我们要实施一项策略时，不是想怎么安排就怎么安排，想在什么时候安排就什么时候安排，而是需要有一个清晰明了的时间规划表，这样既可以保证工作有条不紊，也可以让后续工作更加简洁迅速。

2. 指定每个项目负责人

在企业内部，所有工作的安排、落实与复盘，最忌讳的就是难以找到对应的负责人，所以在实施税务合规策略时，我们要保证每一个任务都有指定的负责人，以此确保责任到人，进而减少推诿、不负责、不认真等情况的出现。

3. 确保资源与技术支持

企业实施税务合规策略，一方面需要资源支撑；另一方面也需要技术加持。资源包括人力、物力和财力，如果没有这些实质性的资源配置，那么策略很容易成为纸上谈兵。技术主要包括智能技术，它可以帮助我们准确、高效地落实策略的实际要求与内容。

4. 设置监督与评估机制

税务合规策略的实施不是一时之功，而是需要一定的时间投入与等待，在此过程中，我们就需要建立有效的监督与评估机制。定期的监督与评估，可以帮助企业及时发现并解决问题，在保证实施效果的同时也可以为后续的优化与调整提供重要的信息依据。

第二节　税务资源：高效分配税务业务资源

在实现税务合规的过程中，如何对税务规划、申报、缴纳等环节进行精细化管理，是每个企业都很想明确的内容。对税务业务资源进行合理分配的意义正在于此，它可以帮助企业高效且合理地利用现有的财务资源。

那么，将注意力放在税务业务资源的分配上时，我们有以下几个问题需要明确。

第一，税务业务资源分配的资源有哪些？

第二，税务业务资源分配的效果体现在哪些工作范围内？

第三，税务业务资源分配的优化可以聚焦在哪儿？

当然，这些问题固然需要深究与探知，我们也需要从更多的案例中总结经验，了解其他企业成功的经历，对我们自己来说也是一种收获。

一、税务业务分配的资源

在企业进行财税合规期间，需要应用到的资源主要有人、技术与资金，所以我们在进行税务业务资源分配时，也需要对这三大资源进行合理的分配与安排，保证利用有限的资源创造最大的价值，如图 2-2 所示。

1. 人力资源分配

对税务业务中的人力资源进行合理分配，就要求企业根据税务部门的工作量、岗位技能需求与员工个人能力展开合理的安排与规划。例如，某企业有复杂的税务处理需求，需要经验丰富的税务专家与会计师来完成税务申报工作，以便于达到理想的准确度与合规性。

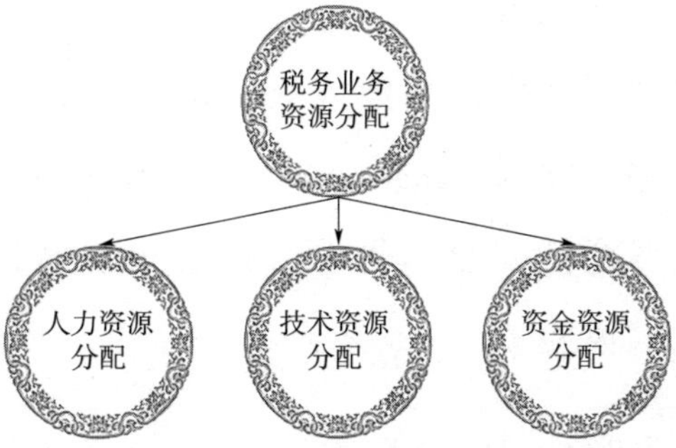

图 2-2　税务业务资源分配

另外，针对企业内部税务方面比较日常的工作，我们也可以安排掌握专业知识的税务助理来完成，达到提高工作效率的目的。对企业来说，进行人力资源分配的最终目的就是让专业的人干专业的事，将合适的人安排到合适的岗位上。

2. 技术资源分配

每个企业都有属于自身的税务业务类型，受业务规模与复杂程度的影响，我们需要为每个项目安排对应的技术资源。例如，税务软件、数据库管理系统、网络基础设施等。对企业来说，与税务相关的数据涉及很多工作项目，人工处理起来不仅复杂，而且还容易出现纰漏，合理应用合适的技术资源不仅可以有效减少失误，还能提高数据处理的效率与准确性。

企业的税务管理并不是一个定性定量的工作任务，市场环境的变化与先进技术的发展，使得税务相关的工作也在不断变动，企业需要通过技术手段来进行税务管理。

3. 资金资源分配

企业创立时需要资金的投入，发展时需要有资金的维持，企业需要合理安排资金资源。比如，日常的税务支出、税务管理所需的费用、应对风险的准备金等。资金分配不仅要对现有的资金进行合理的安排，还需要保证资金合理的流程。

很多企业都知晓资金投入与资金流动的重要性，但是不难发现其中有不少企业会忽略一个重要的问题——专项基金，一方面可以在一定程度上保证企业资金的安全，另一方面也可以帮助企业有足够的资金去应对随时发生的风险。

二、税务业务资源分配的效果体现

税务业务资源分配的效果体现在很多方面。比如，税务管理、税务申报、税务风险控制等，结合案例进行深入分析。

1. 税务管理与资源分配

在税务管理过程中，有很多工作涉及资源的分配。企业要建立专业的税务管理团队，保证能够合理利用税收优惠政策提高自身的经济效益。

2. 税务申报与资源分配

税务申报对企业来说，是很基础的环节，企业应及时准确地完成相关工作。为了让税务申报工作有效实施，我们需要对企业内部的资源进行合理的分配与安排。比如，培训财务人员的专业能力、优化日常税务申报的流程等。

3. 税务风险控制与资源分配

说起税务风险，我们就必须重视税务风险控制方面的工作。此时，企业必须对已经存在和可能发生的税务风险进行准确识别、评估与控制。因为需要有专业的人与团队来完成，所以企业需要投入一定的资源。比如，聘请专业的税务顾问、建立专门的风险预警机制等。有限的资源要置放到有用的项目中，才可以保证有足够的条件及时发现并处理税务问题，以便于避免因税务问题导致的经济损失。

以下是三家企业在不同工作范围内进行资源分配的案例。

案例一：X 企业税务管理与资源分配实践

X 企业是一家中小型跨国制造公司，其税务管理团队面临着复杂的国内外税务法规和不同国家的税收政策。

为了优化税务资源分配，X 企业采取了集中式税务管理策略，通过建立一个专门的税务部门来统一处理所有税务事务。该部门不仅负责日常的税务申报工作，还对集团内部的税务资源进行统筹规划，确保资源在不同业务单元和不同国家得到合理分配。

此外，X 企业还利用先进的税务软件系统，对税务数据进行实时监控和分析，以支持决策制定。

通过上述措施，该企业有效地管理其全球税务事务，优化税务资源分配，并确保在不同国家和地区的税务合规性。

案例二：Y 企业税务申报与资源分配实践

Y 企业是一家专注于电子商务的公司，其业务模式的特殊性要求税务申报工作必须高效且准确。

Y 企业通过建立一个跨部门的税务工作小组，由财务、法务和 IT 部门的专家组成，共同负责税务申报和资源分配。该小组定期评估税务政策变化对企业的影响，并根据业务发展需要调整税务资源。

同时，Y 企业还注重税务人员的培训和专业发展，确保团队能够及时掌握最新的税务知识和技能，以应对不断变化的税务环境。

最终，该企业不仅在税务申报方面取得了显著进步，效率也有了明显提升。

案例三：Z 企业税务风险控制与资源分配实践

Z 企业是一家大型综合性企业集团，其面临的税务风险相对较高。

为了有效控制税务风险并合理分配税务资源，Z 企业实施了一套全面的税务风险管理体系。该体系包括定期的税务风险评估、税务合规性检查，以及风险应对策略的制定。

Z企业还特别强调税务资源在风险预防和应对措施上的投入，确保在税务审计和检查中能够顺利通过，避免潜在的罚款和声誉损失。

通过这些措施，该企业不仅提高了税务资源的使用效率，还增强了企业的整体税务合规性。

三、聚焦税务业务资源分配的优化

税务业务资源分配工作是逐步完成的，我们应该评估资源使用的效率，还需要优化已有的资源分配方案。

1. 识别税务业务中的瓶颈环节

在识别税务业务瓶颈环节时，企业应该深入地分析税务处理的每个环节，数据的录入、申报、审核等都是重要的业务环节。不同环节可能存在的问题有很多，企业必须细致地识别与分析，保证能够正确应对和处理，从而提高工作效率。

2. 评估资源使用效率

进行资源分配的目的是让现有的资源尽可能地发挥作用，如果已经分配好的资源不能发挥作用，对企业来说不仅是对资源的浪费，在资源分配环节更是白费力气。我们必须评估资源的使用效率，这既是对人力资源的重要评估，又是对时间、财务等多方面资源的综合考量。

我们需要对企业当前的税务业务中诸多资源的使用情况进行专业的分析，旨在判断其中是否有资源浪费或不合理分配的现象存在。比如，资源不足可能会导致高价值的税务工作难以进行，而低价值的税务工作却占据了更多的资源。通过仔细认真的评估，企业才可以发现资源分配不合理的支出，并在此基础上优化资源分配的决策方针。

3. 优化资源分配方案

在前两步工作已经完善的情况下，企业有足够的依据去优化资源分配的方案，其内容主要包括人员配置的调整、工作流程的优化、先进软件的引入、原有系统的升级等。如果遇到税务业务进展严重耽搁的情况，企业甚至需要对内部的结构与布局进行大规模的整改，以适应现阶段正确的资源分配需求。

我们需要明确的是，优化资源分配方案的目的是保证每个环节都享有与之对应的资源支持，在满足该条件的前提下，企业可以适当地节约资源，而不能为了缩减资源而盲目减少投入。企业要做到不浪费资源，也不吝啬资源，为此，我们必须正确地优化税务业务资源分配的方案。

第三节　税务处理：定制化税务解决方案

税务问题是很多企业面临的挑战之一，受环境的改变、内部运营的变动等多方面的因素影响，这项挑战的难度正在不断扩大。为了更好应对税务方面的问题，企业亟须一套适合自身的定制化税务解决方案，该如何保证其适合自身呢？这就要求企业根据业务模式、财务状况、税务需求等实际情况来制定造税务策略。

一、企业税务现状及需求分析

制订方案对应的是怎么做，在此之前，我们需要知道怎么样，也就是说，分析企业税务现状与需求是制定税务策略的首要环节，如果不能做好相关的工作，那么最终制定的策略可能无法准确解决企业实际的税务问题。

W 公司规模逐渐壮大，目前拥有员工超过 500 人，年营业额达到数亿元人民币。随着企业的发展，税务管理的复杂性也日益增加，对税务管理的要求也越来越高。面对如今的局面，该企业管理人员决定对税务管理现状进行细致的分析，旨在找出存在的问题。

税务管理现状

(1) 税务管理组织架构。W企业设立了专门的税务管理部门，由一名税务经理负责，下设若干税务专员。税务管理部门的主要职责包括：负责公司各类税务申报、缴纳工作；协助财务部门进行税务规划；处理税务稽查、涉税事项等。

(2) 税务管理流程。W企业建立了较为完善的税务管理流程，包括税务登记、发票管理、纳税申报、税款缴纳等环节。企业采用信息化手段，通过ERP系统实现税务数据的自动采集、处理和报送，提高了税务管理的效率和准确性。

(3) 税务风险管理。W企业高度重视税务风险管理，定期开展税务风险评估，及时发现并解决潜在的税务问题。企业建立完善的内部控制制度，确保各项涉税业务合规、合法。同时，企业还聘请了专业税务顾问，为企业提供税务咨询和风险防范建议。

(4) 税务规划。W企业在遵守国家税法的前提下，积极开展税务规划工作。通过优化业务结构、调整财务策略等方式，实现充分享受税收优惠政策。

存在的问题

(1) 税务信息化水平有待提高。尽管W企业已经采用了ERP系统进行税务管理，但在一些细节方面仍存在不足。例如，系统中的税务数据采集不够全面，导致部分涉税信息无法及时掌握，影响了税务管理的效率和准确性。

(2) 税务人员专业素质有待提升。W企业的税务人员虽然具备一定的专业知识和经验，但在面对日益复杂的税务环境时，仍显得力不从心。公司需要加强对税务人员的培训，提高其专业素质，以应对不断变化的税务政策和法规。

（3）税务风险管理机制尚不完善。虽然W企业已经建立了税务风险评估和内部控制制度，但在实际操作过程中仍存在一些漏洞。企业需要进一步完善税务风险管理机制，确保各项涉税业务合规、合法，降低税务风险。

应对策略

在理解税务管理的需求，并明确现存问题后，W企业聘请专业的团队制定应对策略，他们给出了以下建议：

（1）提高税务信息化水平。W企业应进一步完善ERP系统中的税务管理模块，实现税务数据的全面采集和实时更新。同时，企业还可以考虑引入专业的税务管理软件，提高税务管理的自动化和智能化水平。

（2）加强税务人员培训。企业应定期组织税务人员参加专业培训，提高其对税法的理解和应用能力。此外，企业还可以考虑引进具有丰富经验的税务专业人才，以提升税务管理团队的整体素质。

（3）完善税务风险管理机制。W企业应进一步完善税务风险评估和内部控制制度，确保各项涉税业务合规、合法。同时，还应建立应急处理机制，以便在面临税务稽查等突发事件时，能够迅速、有效地应对。

将以上措施应用到税务管理工作后，W企业进一步提升了税务管理水平，降低税务风险，有效地提高了自身的经济效益。

1. 企业税务管理现状

W企业的现状折射出大多数中小企业的税务情况，大家面临的税务困境即便不相同，也会有相似之处。经济全球化与税制改革在推动企业发展的同时，也让税务部门的工作压力有所增加，税务管理更加复杂。

信息技术的发展必然会成为税务管理的助力，当多数企业引入电子税务系统的时候，就说明它有明显的优势与作用，我们也就需要顺应技术的发展，合理地应用电子税务系统，以便于提高税务管理的效率与准确性。

2. 企业税务管理现存问题

W企业现阶段存在的问题，只有用正确的策略才可以解决这些问题，前提是我们真的了解问题的本质，下面可以分析一下相关的问题。

（1）税务信息化水平有待提高。现在很多企业都在引入税务系统后实现了信息化建设，但是与排在前列的企业相比仍有差距。对于中小企业而言，税务信息系统的数据处理能力、智能化水平等多个方面都有不小的提升空间。此时，我们就可以引入大数据分析、人工智能等先进技术来提升企业的税务信息化水平。

（2）税务岗位人员专业素质有待提升。税务工作的性质就决定了其所具备的重要性，它需要有专业的人员负责完成。现在税务方面的人才供不应求，在吸引人才难度加大的情况下，企业可以尝试培养人才，重视对内部税务人员的继续教育与专业培训，从而提升整体的税务处理水平。

（3）税务风险管理机制尚不完善。税务风险是很多企业比较敏感的部分，潜在的风险是隐患，已有的风险是危害。目前，不少企业的税务风险管理机制并不是很完善，在识别、评估和应对方面难免会存在纰漏。想要更好地防范与控制税务风险，企业就需要建立科学、系统的风险管控体系，以此保证与税务相关行为的公平公正与合理高效。

二、定制化税务解决方案的设计

企业之所以坚持要制订税务解决方案，是因为内部存在税务方面的问题需要处理，为了准确定位出现问题的税务项目，我们可以将税务问题细分为合规问题、优化问题、风险管理问题和信息化问题。针对不同的问题，企业可以设计相应的方案，分别为税务合规方案、税务优化方案、税务风险管理方案和税务信息化方案设计，如图 2-3 所示。

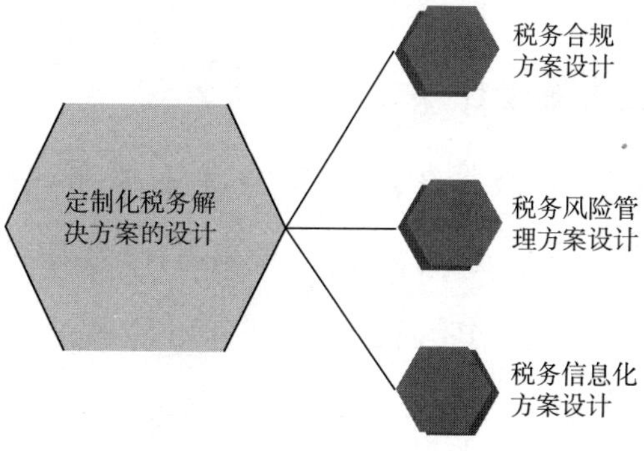

图 2-3　定制化税务解决方案的设计

1. 税务合规方案设计

我们在设计税务合规方案时，需要保证其符合企业的实际情况，为此需要对当前的行业特点、经营规模、业务流程、历史税务信息等内容进行深入分析。另外，合规方案不能一成不变，还需要根据税法的更新、业务的变化等进行定期调整，从而保证企业的税务工作始终合规合法。

设计税务合规方案时，我们可以从运用税收优惠政策，从选择税种、规划税收等方面入手。然而，正确的税务合规方案应结合企业的财务状况、投资计划及市场特征，这样可以保证最终投入的方案能够符合税法规定。

2. 税务风险管理方案设计

风险是摆在企业前进道路上的最大障碍，如果不能将其解决，企业的发展注定是艰难的，甚至可能会停滞不前。就税务业务而言，我们需要制定针对性的税务风险管理方案。

由于税务风险管理方案涉及的内容通常有风险识别、评估与控制，所以企业需要对税务合规性进行持续性的监控、对税务争议进行必要性的预防与处理、对税务审计作出准确应对。一旦有效的税务风险管理工作得到推行，企业就可以避免大部分因税务问题引发的财务损失及声誉影响。

3. 税务信息化方案设计

信息化建设是每个企业在运营与发展中都在追求与渴望的目标，税务业务也不例外，它已经成为提高税务工作效率的重要手段，中小企业如果不能做到税务工作信息化，很有可能就会降低自身的生存能力与竞争能力。

税务信息化方案设计的目的是优化税务管理流程、提高数据处理能力、加强税务信息共享，那么企业应将注意力集中在如何利用云计算、大数据分析等先进的现代信息技术之上。在实现税务信息化后，我们就可以对企业的税务数据进行实时的监控与分析，进而为税务相关的决策制定提供有力支持。

三、企业定制化税务解决方案的顺利实施

企业制订适合自身的税务解决方案，最后阶段的目标一定是让该方案能够顺利地实施下去，以此达到税务合规的最终目的。

1. 解决方案实施流程

前期准备、设计方案、落实方案、评估调整是企业定制化税务解决方案顺利实施的基本流程，企业如果可以按照流程完成具体的工作，在方案符合实情的情况下就可以保证其实施效果。

（1）前期准备。在制定具体方案之前，收集关于企业财税信息是很关键的一步。此时，我们应该收集并分析现阶段的财务报表、税务

申报记录、税务交易记录等，保证准确掌握税负合规的情况。另外，也需要对潜在的税务相关风险做好提前的预测与识别，以便于在方案中设计应对策略。当前，目标也应该在准备阶段设定，才能确保制订方案时有方向。

（2）设计方案。前期的准备工作完成后，我们进入设计方案阶段。主要工作可以分为两项：选择税务顾问与制定解决方案。企业需要有专业的税务顾问来指导方案的制订，这些顾问不仅需要了解与行业、企业相关的税务，还需要以经验丰富的视角提供专业建议。接下来，企业就需要根据自身的实际情况与税务目标来设计合法、合规、合理的定制化税务解决方案。

（3）落实方案。方案设计完成后，我们进入落实方案阶段，主要工作可以分为两项：调整业务流程与更新税务系统。企业的多个业务项目都涉及税务，任何项目都不能敷衍。根据税务解决方案要求，合理调整业务流程，以促进税务工作推行。同时，税务工作的动态变化，对应的税务处理系统也要不断地更新升级，比如引入或更改财务软件、维护或升级税务管理系统等，这些措施可提高税务处理效率。

（4）评估调整。税务解决方案是否合理，不是制定者说了算，也不是员工认可就行，而是需要最终的实施效果来证明，企业要保证能够达到预期的目标才说明方案合理。税务解决方案的效果不是固定的，企业可以实时的评估实施效果并及时反馈信息，在此基础上，对原本的方案进行必要的调整，从而保证其实施效果，这也是定制化方案的优势所在。

2. 解决方案实施中的难点及解决策略

在落实方案的过程中，企业难免会遇到一些困难或阻碍，我们需要制定对应的解决策略。

难点一：员工产生抵触心理。如果员工产生抵触心理，不愿意做或不愿意做好，那么任何合理、良好的方案都无法发挥效果。

解决方案：员工产生抵触心理的原因一般有两种：一种是能力不足引起的负面情绪；另一种是认知不足产生的敷衍心理。无论是什么样的员工，都可以通过培训的手段来改变他们的心理，无非是培训内容的区别。企业可以组织知识与能力培训来提高员工的能力，也可以加强沟通、强化意识来培养员工的税务认知程度。

难点二：系统出现不兼容问题。传统的纯人工税务处理方式已经逐渐被多数中小企业所摒弃，大家都在应用各种财务软件与系统来处理税务问题。此时，一旦相关的软件或系统难以兼容企业的税务信息与税务业务，税务解决方案的落实计划就会被耽搁。

解决方案：企业应用的财务软件与系统可以是市面上供应商提供的，也可以是内部自行研发的，不同的选择有不同的方案来解决兼容性问题。如果是前者，我们就需要与软件或系统供应商取得联系，进行必要的系统升级或定制修护；如果是后者，则可以让研发人员根据实际情况进行维护与修护。

难点三：外部环境的变化。税务问题不是“关起门来，自己处理”的业务项目，它会受外部环境变化的影响。行业的竞争形势、税法的更新变动等因素，都会对企业的税务业务产生不同程度的影响，如果不能做好应对，税务解决方案大概率是无法顺利实施的。

解决方案：外部环境的变化是不可控因素，但是我们可以从自身做出改变，企业应该保持灵活性，定制的税务解决方案应该留有足够的调整空间。当外部环境出现变化时，企业就可以结合外部变化与内部实情及时、准确地调整税务策略，保证税务解决方案持续发挥效果。

第三章　税务合规的执行与监控

税务合规的执行与监控是确保企业税务合规的重要保障。执行层面，企业需要严格按照税法规定和内部制度开展税务工作，确保每一项税务操作准确无误。同时，要对税务流程进行全面的监控，及时发现潜在风险，并采取有效措施加以控制。为了做好税务合规的执行与监控，企业应当建立完善的内部控制体系，包括税务登记、申报、缴纳、账务处理等环节的全过程管理。

第一节　税务审核：项目与报告的精细审查

税务业务在实际工作完成后并不能确定是否达到合规标准，我们必须对税务项目进行严格的审核，以确定其合规程度与改善空间。企业需要定期进行税务审核，以确保其税务活动符合相关法律法规的要求，降低税务风险，提高整体的财务健康状况，如图 3-1 所示。

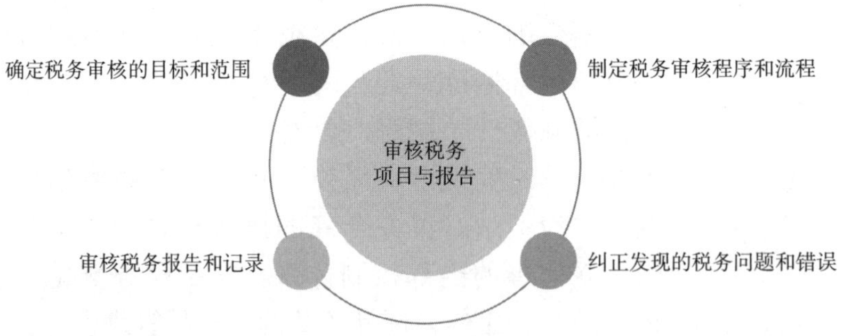

图 3-1　审核税务项目与报告

一、确定税务审核的目标和范围

很多人认为税务审核工作是税务机关的工作。事实上，这样的认知并不正确。企业如果想要向税务机关呈现自身合规的税务项目，就需要在内部进行税务审核。以下是对多数中小企业税务审核的目标与范围的大致阐述。

1. 确定税务审核的目标

（1）确保合规性。企业的所有税务工作都必须遵守国家税法规定，不合法的税务项目满足不了合规的首要条件，所以确保税务合规性是企业税务审核的首要目标。

（2）降低税务风险。企业进行税务审核的一大目的就是及时发现潜在的税务风险。比如，计算错误、申报遗漏都可能会给企业带来很大的损失。通过合理的税务审核，企业可以及时发现风险，并制订针对性的解决方案，从而在降低税务风险的同时避免遭受不必要的经济损失。

（3）提高税务管理水平。税务管理工作是一个需要时间成本的业务项目，税务审核也应该是涵盖其中的一个环节。如果企业可以落实税务审核工作，就可以发现税务管理中的不足之处，从而能够优化税务管理流程，以便提高税务管理水平。

2. 确定税务审核的范围

（1）税务登记。审核企业是否已办理税务登记，以及检查税务登记信息是否准确、完整。

（2）税务申报。检查企业是否按时申报各项税款，同时检测申报数据是否准确，明确其中是否存在遗漏或错误。

（3）税款缴纳。核实企业是否按时足额缴纳各项税款，是否存在逾期未缴或少缴税款的情况。

（4）发票管理。审核企业是否按规定领购、使用、保管发票，是否存在虚开、代开等违规行为。

（5）税收优惠政策。检查企业是否符合税收优惠政策条件，是否正确享受税收优惠。

（6）税务争议处理。关注企业是否存在税务争议，如税务稽查、行政复议等，确保企业妥善处理税务争议，维护企业合法权益。

二、制定税务审核程序和流程

越是按照严谨分明、清晰明了的程序工作，发现问题并解决问题的效率就越高。因此，为了保证税务工作的顺利进行，以及快速发现问题与风险并将其解决，企业很有必要制订税务审核程序与流程。一般情况下，中小企业税务审核程序和流程大致如下。

1. 设立专业部门

专业的事要交由专业的人，所以企业需要设立专门负责税务审核工作的部门，由该部门的员工负责企业的税务审核事项。

2. 制定审核制度

企业的税务审核要按照制度行事。一方面需要遵守国家税法规定，保证税务工作的合法性；另一方面需要遵从企业的规章制度，保证税务工作的合理性。因此，重视税务审核工作的中小企业不仅需要关注行业相关税法的变动与更新，还需要结合自身实际情况制定相应的税务审核制度。

3. 确定审核内容

对中小企业来说，纳税申报、发票管理、税收优惠政策等都属于税务审核的内容范畴。

4. 明确审核步骤

企业应该按照正确的步骤展开税务审核工作。以保证其合理性。其步骤一般如下。

（1）收集资料。企业需要收集与税务相关的资料，比如，纳税申报表、财务报表、发票等。

（2）初步审核。在收集到所需资料后，企业需要进行初步的审核，旨在确定资料的准确性与完整性。

（3）深度审核。在确定资料完整、信息准确后，企业对税务项目进行深度的审核，从中挖掘问题。

（4）编制报告。在深度审核后，企业根据已经得到的税务审核结果来编制审核报告，以便于指出问题并提出改进建议。

（5）提交报告。在报告内容完善并确定无误后，税务审核部门的人员将其提交给管理层，以便于对方进行决策。

（6）跟踪改进。在管理者提出决策想法后，相关部门结合对方决策与税务项目现存问题进行改进，并实时跟踪改进进度与效果，以便于随时做出调整。

5. 组织员工培训

提高员工的税务审核能力，是增进审核效率的途径之一，企业应该定期组织员工培训，旨在提高员工的税务意识与专业水平。

6. 定期评估效果

企业需要对税务审核流程进行评估，既可以确保其有效性，也可以在发现不合理时及时作出改进与调整。

三、审核税务报告和记录

为了确保税务工作的合规性，企业还需要对税务报告和记录进行准确的审核，此时，不仅需要确定税务数据的准确性，还需要保证报告格式的准确性。第一，我们需要仔细地检查每一项数据，保证其有效且真实，并符合税法相关法律法规的要求。第二，我们还需要关注报告的格式和内容的完整性，保证其按照规定的标准和格式进行编制，从而体现税务报告的完整性和透明度。

在审核过程中，我们一旦发现任何潜在或已经存在的问题与错误，都应该及时采取措施，在纠正错误的同时还要记录关键的调整与修改信息，以便于后续的审计与检查使用。确保税务报告和记录的准确性与合规性，可以帮助企业有效降低税务风险，使其实现财务健康与合规经营。

四、纠正发现的税务问题和错误

税务问题与错误成为不少中小企业的烦心之事，如果选择置之不理，只会扩大负面影响。因此，尽管知道这些问题可能很难解决，企业也必须迎难而上。

G企业业务项目在扩张的同时，其税务问题也逐渐显现。幸运的是，该企业及时发现并纠正了这些问题，实现了良好的发展。

在一次内部审计过程中，G企业发现了一些税务问题。具体包括：

（1）增值税专用发票管理不规范。部分发票未按规定进行认证、抵扣和保管，存在一定的税务风险。

（2）税务申报错误。部分税种的申报数据存在错误，导致企业多缴或少缴税款。

（3）财务核算不准确。部分收入和成本未按规定进行核算，影响了企业应纳税额的准确性。

针对发现的问题，G企业迅速采取了一系列纠正措施。

（1）规范发票管理。G企业成立了专门的发票管理小组，负责对增值税专用发票进行规范管理。制定了严格的发票管理制度，确保发票的认证、抵扣和保管符合相关规定。

（2）重新申报税款。G企业聘请了专业的税务顾问，对之前申报的税款进行复核。对于发现的错误，及时进行了更正申报，清算多缴或少缴的税款。

（3）加强财务核算。G企业对财务部门进行了培训，提高了财务人员的税务知识水平。同时，加强了对收入和成本的核算管理，确保企业应纳税额的准确性。

通过及时发现并纠正税务问题，G企业实现了良好的发展。具体表现在：

（1）降低税务风险。规范的发票管理和正确的税款申报，使G企业避免了潜在的税务风险，为企业稳定发展提供了保障。

（2）提高财务管理水平。加强财务核算后，G企业的财务管理水平得到了显著提升，为企业的经营决策提供了更加准确的数据支持。

（3）增强企业竞争力。通过规范税务管理，G企业提高了自身的合规性，增强了在市场中的竞争力，为企业的持续发展奠定了坚实基础。

分析上述案例，我们可以总结G企业通过及时发现并纠正税务问题，实现了良好的发展。然而，在日常的财务管理和税务处理过程中，发现税务问题与错误是在所难免的，关键在于如何及时发现并采取正确的措施进行纠正。

1. 建立并完善内部审计机制

企业想要发现税务业务中存在的问题与错误，就需要在内部建立一套完善的审计机制。我们可以利用该机制对财务报表与税务申报资料进行定期的审查，保证税务信息准确性的同时也可以及时发现税务相关问题与错误。

2. 分析税务问题的性质原因

企业在审计后一旦发现税务问题或错误，就需要分配专业的人员去分析这些问题，剖析问题的性质与产生的原因。因为可能会涉及税法适用、会计政策等，必要的时候企业可以选择聘请专业的税务顾问。

3. 制定能够纠正问题的措施

在对存在的税务问题进行细致的分析后，企业就可以根据问题来制定相应的纠正措施。比如，我们可以选择重新计算税款、认真调整账目、补交所欠税款等。同时，企业也需要对相关措施的实施效果作出准确的评估，保证其可以符合税法规定，让具体的工作合规合法。

4. 记录纠正过程并培训员工

在实施纠正税务问题的措施时，企业应该将整个过程记录下来，以便于后续的复盘，并为策略的调整提供依据。另外，企业也需要对相关的负责人员进行专门的培训：一方面可以提高员工处理税务问题的能力；另一方面也可以提高对方发现税务问题的意识。

5. 与税务机关保持良好沟通

税务相关的问题有很多，有的简单，企业可以依靠自身能力来处理，但有些问题可能会稍显复杂，仅仅依靠企业自身难以处理，此时就需要税务机关的指导与帮助。为此，企业需要税务机关保持良好的沟通与联系，保证发现的税务问题能够在短时间内得到解决。

第二节　税务沟通：深入理解与有效互动

税务相关工作开展的过程中，一定会伴随信息的传递与共享。此时沟通就显得尤为重要，它主要包括企业内部各部门之间的沟通和企业与税务机关的沟通交流。另外，为了更好地推进税务工作，企业还应该格外关注自身的税务需求，在理解需求的基础上制定的策略才更有效果，如图 3-2 所示。

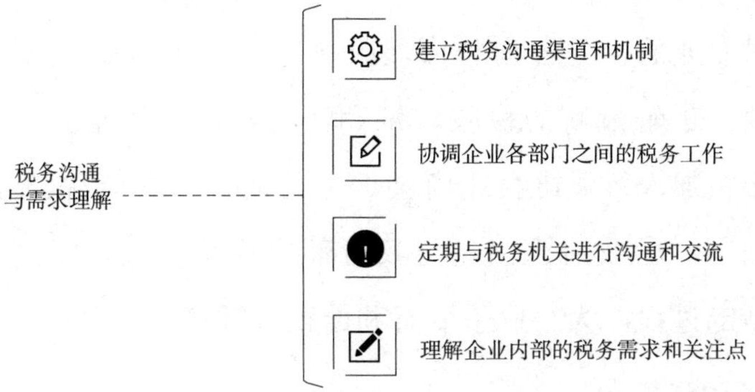

图 3-2　税务沟通与需求理解

一、建立税务沟通渠道和机制

税务沟通渠道能够为企业和与之相关的机构提供一个良好便捷的沟通平台，这主要包括内部沟通渠道和外部沟通渠道，它们可以有效提高税务合规的效率。另外，建立税务沟通机制可以使税务工作更有条理，企业可以更好地遵守税法规定，降低税务风险以提高合规水平。

1. 税务沟通渠道

企业需要建立的税务沟通渠道分为内部渠道与外部渠道，内部渠道主要用于企业内部的税务信息沟通，外部渠道则是用于与相关机构的税务交流。

（1）内部沟通渠道。①税务部门：设立专门的税务部门或岗位，负责处理税务事务和与税务机关的沟通。②跨部门沟通：建立跨部门沟通机制，确保财务、法务、业务等部门之间信息共享，协同处理税务问题。③员工培训：定期对员工进行税务知识培训，提高员工的税务意识和合规意识。④内部报告系统：建立内部报告系统，鼓励员工报告潜在的税务问题，及时发现并解决税务风险。

（2）外部沟通渠道。①税务顾问：聘请税务顾问或会计师事务所，为企业提供专业的税务咨询和代理服务。②税务机关：主动与税务机关保持沟通，了解最新的税收政策和法规，及时调整企业税务策略。③行业协会：加入行业协会或商会，与其他企业交流税务经验，共同应对税务问题。④政府部门：与政府部门保持沟通，了解政策动态，参与政策制定过程，为企业争取有利的税收环境。

2. 税务沟通机制

企业在建立税务沟通机制时，需要开展多方面的工作，一般包括制定税务沟通政策，建立税务沟通平台、定期召开税务会议税务风险评估机制、税务应急响应机制等。

（1）制定税务沟通政策。明确企业内部各部门、员工在税务沟通中的职责和权限，确保信息传递的准确性和及时性。

（2）建立税务沟通平台。利用信息技术手段，如企业内部网络、电子邮件、即时通信工具等，建立高效的税务沟通平台。

（3）定期召开税务会议。定期召开税务工作会议，讨论税务问题，分享税务信息，制定应对策略。

（4）建立税务风险评估机制。定期对企业税务风险进行评估，及时发现并解决潜在的税务问题。

（5）建立税务应急响应机制。制定税务应急响应预案，确保在遇到突发事件时能够迅速、有效地应对税务风险。

二、协调企业各部门之间的税务工作

税务沟通工作在各部门协同合作中表现得很明显，这就是很多中小企业十分重视协调各部门税务工作的原因所在。因为只有内部合作融洽，才可以促进企业整体的税务管理效率提升。有效协调可以避免各部门在税务处理中的重复工作，减少资源浪费的同时降低企业税务风险。

P企业是一家多元化经营的大型集团公司，业务范围涵盖制造业、服务业和房地产业等多个领域。随着公司规模的不断扩大，各部门之间的税务管理工作变得越来越复杂。为了确保税务合规、优化税务规划并降低税务风险，P企业决定建立一个高效的税务协调机制。

问题识别

（1）各部门税务管理各自为政，缺乏统一的税务政策和流程。

（2）税务信息传递不畅，导致税务数据不一致，影响决策。

（3）部门间缺乏有效的沟通和协作，导致税务规划和风险管理不到位。

（4）税务人员专业能力参差不齐，影响税务工作的整体质量。

解决方案

（1）建立税务协调委员会。P企业成立了一个由高层管理人员、财务总监、税务经理和各部门财务负责人组成的税务协调委员会。该委员会负责制定统一的税务文件，确保各部门在税务管理上的一致性。

（2）统一税务信息系统。引入先进的税务管理软件，建立统一的税务信息系统，实现税务数据的集中管理和实时更新。各部门通过系统共享税务信息，确保数据的一致性和准确性。

（3）定期税务培训和沟通会议。定期组织税务培训，提升税务人员的专业能力。每月召开一次税务协调会议，各部门财务负责人汇报税务工作进展，分享最佳实践，讨论和解决税务问题。

（4）建立跨部门税务协作机制。设立跨部门税务工作小组，针对复杂的税务规划和风险管理问题，进行联合研究和决策。通过小组合作，充分利用各部门的资源和优势，提高税务规划的效果。

(5) 优化税务流程和内控机制。对现有的税务流程进行全面审查和优化，减少不必要的环节，提高工作效率。同时，建立严格的税务内控机制，确保税务工作的合规性和准确性。

实施效果

(1) 税务管理效率提升。统一的税务政策和流程，减少了重复工作，提高了税务管理的效率。

(2) 税务风险降低。通过集中管理和实时监控，税务风险得到了有效控制。

(3) 税务合规计划。跨部门协作机制使得税务计划更加科学和合理。

(4) 决策支持加强。统一的税务信息系统为高层管理提供了准确的税务数据支持，提高了决策质量。

三、定期与税务机关进行沟通和交流

企业的税务管理绝不是“闭门造车”的项目，而是需要加强与外界的沟通与了解。其中，与税务机关保持沟通和交流就是一项重要的业务。我们应该重视并充分利用这一渠道，因为它对企业的合规经营、风险防范等都有促进作用。

1. 了解最新税务政策和法规

无论是什么企业，其所处行业的税法总会变动与更新，企业如果不能及时掌握相关信息，很有可能会造成不合规管理。企业定期与税务机关沟通，及时了解政策变化，并准确理解政策的意图与要求，从而提高税务管理的合规性。

2. 解决税务疑难问题

正所谓“家家有本难念的经”，每个企业都会遇到或多或少的税务难题，因为问题缺乏普遍性，我们可能很难找到与之对应的解决方案。通过与税务机关的积极沟通，获得对方全面的解答与指导，从而避免不必要的风险损失。

3. 建立良好的税企关系

税务机关在很多人的认知中是一个独立存在的部门，事实上，它的存在不仅是督促与监管企业的税务工作，同时也会成为企业税务合规的助力。因此，企业应该与税务机关保持定期沟通，这有利于形成良好的关系，既能加深税务机关对企业的了解，又可以帮助企业获得更多的理解与支持。

4. 提高税务申报的准确性和及时性

相较于中小企业的税务工作人员，税务机关的工作人员所具备的税务知识通常更全面、更丰富，与税务机关定期的沟通与联系，企业更好地掌握税务申报的要求，进而确保申报信息的准确性与及时性。企业的税务申报工作实现合规，避免行政罚款，还可以提高整体的税务管理水平。

5. 培训和提升税务人员的专业能力

在与税务机关进行沟通与交流的过程中，企业必须安排一定数量的员工去对接与应对。此时，接受分配的员工可以近距离接触专业知识，以此来提高个人的专业能力。

6. 应对税务争议和纠纷

当企业出现税务争议与纠纷时，需要与税务机关进行深入沟通与交流。如果在这之前我们能够和税务机关保持定期的沟通，为自身留有协商的空间，进而避免争议升级，减少对企业影响。

四、理解企业内部的税务需求和关注点

我们一直强调税务工作不是税务部门或财务部门的工作，它与多个部门的运作都息息相关。然而，不同部门在税务管理方面的需求与关注点各有不同，我们可以展开较为细致的分析。

1. 财务部门

财务部门是企业税务管理的核心部门，负责企业日常的税务申报、缴纳和规划工作。其主要需求如下。

（1）税务合规性。确保企业按时申报和缴纳税款，避免因违规而产生的罚款和滞纳金。

（2）税务风险控制。识别和评估税务风险，制定相应的应对措施，确保企业税务风险处于可控范围内。

（3）税务信息管理。建立完善的税务信息管理系统，确保税务数据的准确性和完整性。

2. 业务部门

业务部门在开展业务过程中，需要关注与业务相关的税务问题，以确保业务的顺利进行。其主要需求包括：

（1）关注税收成本。在签订合同和执行业务过程中，关注税收成本，合理进行成本管控。

（2）税收优惠政策。了解并利用国家和地方的税收优惠政策，提高业务的竞争力。

（3）税务工作符合法规要求。确保业务活动符合相关税收法规的要求，避免因违规而影响业务的正常开展。

3. 法务部门

法务部门在处理企业税务问题时，主要关注与税务相关的法律风

险和合规性，其主要需求如下。

（1）税务法律风险评估。对企业的税务行为进行法律风险评估，确保企业税务行为的合法性。

（2）税务争议解决。处理企业与税务机关之间的争议时，利用专业知识，维护企业的合法权益。

（3）税务合同审查。审查与税务相关的合同条款，确保合同的合法性和合规性。

4. 人力资源部门

人力资源部门在处理员工薪酬和福利时，需要关注与税务相关的事项，其主要需求如下。

（1）税前扣除。合理安排员工薪酬和福利，确保企业能够享受税前扣除的优惠政策。

（2）个人所得税申报。协助员工完成个人所得税的申报工作，确保员工的合法权益得到保障。

（3）税务处理合规。确保企业在员工薪酬和福利方面的税务处理符合相关法规的要求。

5. 审计部门

审计部门在对企业进行内部审计时，需要关注企业的税务合规性，其主要需求如下。

（1）税务合规性检查。对企业税务申报、缴纳和规划等方面进行检查，确保企业税务行为的合规性。

（2）税务风险评估。评估企业税务风险，提出改进建议，降低企业税务风险。

（3）税务信息审计。对企业税务信息管理系统进行审计，确保税务数据的准确性和完整性。

第三节　税务政策：灵活应对与及时更新

税务政策变化是常态，为了能够稳定持续发展，企业需要制定相应的策略、采取合理的措施来应对各种变化。那么，企业应作出哪些努力呢？

张老师在企业会议室里，面对着一群专注的员工，开始了他的讲解："各位同事，今天我们要讨论的是如何在税务政策发生变化时，制定有效的应对策略。首先，我要强调的是，制订方案绝不仅仅是写一份报告那么简单。我们需要的是一个全面的、动态的应对机制，确保在任何政策变动的情况下，都能迅速而准确地作出反应。"

他打开幻灯片，开始详细阐述整个应对流程：

(1) 关注税务政策的变化。我们需要建立一个有效的信息监测系统。这包括订阅税务局的公告、关注行业动态、参加专业研讨会等。我们还要确保信息能及时更新，以便能够第一时间掌握政策的最新动向。

(2) 分析政策变化对企业的影响。一旦捕捉到政策变化的信息，接下来就是分析这些变化对企业具体业务的影响。我们需要评估哪些方面会受到正面或负面的影响，并预测这些影响的程度。

(3) 制定应对的税务策略。在分析产生的影响之后，我们要制定相应的税务策略。这可能包括调整财务报表，税务合规计划，或者改变某些业务流程等。

(4) 实施评估调整税务策略。最后，我们需要对实施的策略进行评估。这包括监控新策略的执行情况、评估其效果，并且根据实际情况进行调整。同时，我们还要定期回顾整个应对流程，确保我们的策略和流程能够适应未来可能出现的任何变化。"

张老师继续解释："为了让大家更好地理解这个流程，我们来模拟一次税务政策变化的情景。假设刚刚宣布了一项新的税收优惠政策，针对的是我们企业所在的行业。我们需要迅速收集所有相关信息，然后分析这项政策对我们企业的影响。接下来，我们会制定出一套新的税务策略，可能包括调整财务预算、优化税务申报流程等。最后，我们会实施这些策略，并且持续监控其效果，确保我们能够及时调整策略以应对任何可能出现的问题。"

通过张老师的详细讲解和模拟操作，员工们对如何应对税务政策变化有了更深刻的理解，并且掌握应对政策变化的具体操作，大致内容如图 3-3 所示。

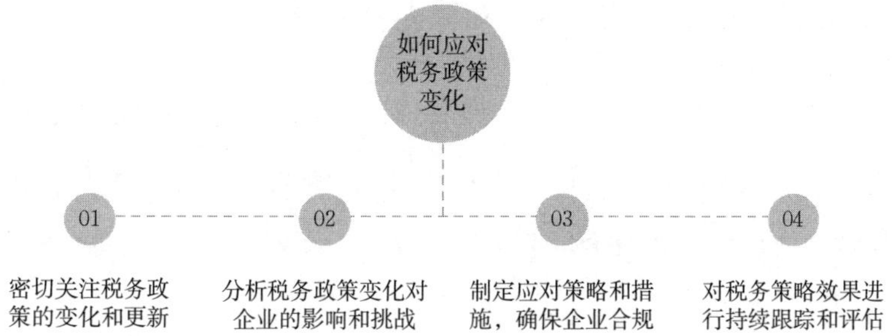

图 3-3　如何应对税务政策变化

一、密切关注税务政策的变化和更新

企业可以通过多种渠道来获取税务政策的最新动态，在信息共享的时代，政府网站、专业税务论坛、行业分析报告等大多属于公开范畴，我们可以从中筛选所需信息。

另外，企业也可以安排专门的人员参加一些税务研讨活动，在理解税务政策变化的同时也可以快速理解。同时，企业也应该在竞争中交朋友，和同行保持密切的联系，大家可以共同分析政策变化对自身的影响。

二、分析税务政策变化对企业的影响和挑战

在理解税务政策的具体变化后，张老师表示企业需要深入分析这些变化对企业的影响，或正面或负面，都需要企业去分析与关注。正面影响可以带来机遇，负面影响则可能造成风险，这些从企业的财务状况、业务流程、税务管理等方面入手分析。

除此之外，企业在关注业务项目的同时，还需要重视税务政策变化对员工的影响，企业应对变化，说到底依靠的是员工，所以我们有必要掌握员工对政策变化的接受与适应能力，保证所有员工可以目标一致地应对变化与冲击。

三、制定应对策略和措施，确保企业合规

企业要制定应对策略，张老师强调企业的目标是最大限度地减少政策变化带来的影响，我们可以从调整财务报表、改变业务流程等方面采取措施，以便企业能够理解并遵守新的税务政策，避免因违规而产生处罚。

四、对税务策略效果进行持续跟踪和评估

张老师深知，制定税务策略只是第一步，更重要的是要确保这些策略能够持续产生效果。因此，企业需要定期对税务策略进行跟踪和评估，确保自身始终处于合规状态。另外，我们也需要根据企业的发展和市场环境的变化，不断调整税务合规策略，以确保企业能够持续受益。

第四章　税务与会计团队建设

税务与会计团队的建设是企业财务管理的核心之一，直接关系到企业的运营效率和合规风险。一个优秀的税务与会计团队需要具备专业的技能、扎实的知识储备及良好的协作能力。团队成员应熟悉税法法规、会计准则及财务软件的操作，能够准确、高效地完成税务申报、账务处理等工作。

第一节　税务培训：组织定期培训与学习

好的企业离不开好的员工，中小企业的税务工作效率依靠负责任的员工来完成，可以说员工的能力直接影响税务工作的完成效果。为了让员工及时理解税法变化、税收优惠政策和税务申报流程，企业有必要组织定期的税务培训。

一、确定培训目标和内容

企业的税务培训活动应该是有规模的、有组织的，而不是想起什么就培训什么，看到什么就学习什么。在培训活动开始前，我们应该明确培训目标是什么，同时，也需要事先布置好培训的内容。根据大部分中小企业员工的能力来看，他们一般需要关注自身在以下几方面的表现。

1. 理解税务法规和政策

培训目标：企业能够为员工提供的税务信息有很多，包括税务法规和政策，以及这些税法的实时变动与更新，但是却不能确定员工一定会理解到位。企业的税务培训就可以从这方面入手（见表 4-1），旨在帮助员工深入全面地理解与企业相关的税务法规与政策，确保每项税务活动都能够合规合法。

表 4-1 税务法规和政策的培训内容

培训项目	培训内容
国家税法概述	增值税、企业所得税、个人所得税等法律
地方税收政策	地方税收优惠、地方特殊规定等
税收征管法规	税务登记规定、税务申报规定、税务缴纳规定、税务处罚规定等
税务解读	近期税务法规变化、税务政策变化等

2. 掌握税务申报和缴纳流程

培训目标：优秀的人才大多都被行业内的大型企业引进，对多数中小企业而言，尽管税务相关的岗位上安排上了具有一定税务知识的员工，但是这些员工或许并不能熟练地进行税务操作。此时，企业可以提供定期的培训，使员工熟悉税务申报和缴纳的流程，保证企业税务业务按时、按标准完成，具体内容见表 4-2。

表 4-2 税务申报和缴纳流程的培训内容

培训项目	培训内容
税务申报流程	各类税种的申报时间、申报方式、申报材料等
税款缴纳流程	缴款方式、缴款期限、缴款地点等
税务登记和变更流程	税务登记证的办理、变更、注销等
税务检查应对	税务检查的程序、注意事项、应对策略等

3. 提高税务规划和成本控制能力

培训目标：企业想要做好税务规划和成本控制不是一朝一夕的事情，而是一个长期经营与积累的过程，员工的行为在很大程度上可以决定税务规划的效果与成本控制的力度。我们通过培训使员工掌握税务规划的基本方法和技巧，进而提高企业税务规划和成本控制能力。

表 4-3　税务规划和成本控制的培训内容

培训项目	培训内容
税收优惠政策的运用	各类税收优惠政策的适用条件、申请流程等
税收规划的基本方法	成本控制、税收转嫁、税收抵免等
跨国税务规划	国际税收规则、转让定价、国际税收规划策略等
税收风险评估与管理	税收风险的识别、评估、应对等

4. 加强税务沟通和协作能力

培训目标：在企业内部，员工们需要各司其职，他们是独立的个体，但是税务业务的处理需要所有员工工作的整合，因此个体也处于集体之中，需要提高沟通与协作的能力。在定期的培训后，企业员工具备有效沟通和协作的能力，进而提高处理税务问题的效率，从而降低因沟通不畅导致的税务风险，具体内容见表 4-4。

表 4-4　税务沟通和协作能力的培训内容

培训项目	培训内容
税务机关的组织结构和职责	各级税务机关的职能、联系方式等
税务沟通技巧	如何与税务机关有效沟通、提出问题、解决问题等
税务争议解决	税务争议的预防、处理、解决等
税务合作项目	税收政策宣传、税收征管协作、税务服务创新等

二、制订合理培训计划并实施

为了实现税务培训目标、传播税务培训内容，企业应制订详细合理的培训计划，主要包括培训对象的确定、培训方式的选择、培训时间的安排、培训师资的聘请等。培训计划越完善，在实施过程中就越顺利。因此，我们必须重视培训计划的制订与完善。

1. 培训对象的确定

我们可以根据岗位职责、工作性质、员工能力等因素来确定税务培训对象，同时也可以增加培训内容的深度。

例如，处于财务部门的员工，他们需要负责大部分的税务项目，且难度较高，针对此类员工的税务培训，就需要更加深入，促进他们成为趋近于顶尖的专业人才；对于其他部门的员工，他们接触到的税务工作较为简单，掌握一些基础知识就能解决问题，那么培训内容相对简单。

2. 培训方式的选择

某些企业可能会进入一个认知误区，认为只要组织培训，任何问题都能套用，然而培训方式对培训效果往往有很大的影响。常见的培训方式有线上课程、线下讲座、会议研讨、案例分析等，企业可以根据培训内容的类型、员工的喜好偏向选择适合的方式。

另外，现代技术手段是税务培训的一大助手，如 VR（虚拟现实）、AR（增强现实）等，都可以为员工提供更加直观的感受，使得他们身临其境地学习知识、理解知识、应用知识，从而提高税务培训的效率，帮助员工将所学内容转化为工作成果。

3. 培训时间的安排

企业在组织税务培训的同时并不会停止日常运营，那么员工依旧需要坚守岗位，每日按时按量地完成工作任务。面对这样的情况，企业就需要合理安排培训时间，但不能大量占用员工的工作时间。

同时，为了让员工所学知识能够在记忆中连贯，企业需要将培训的时间周期集中安排起来，保证员工能够在相对集中的时间段内完成整个的培训课程。当然，占用员工的休息时间很容易引起不满，所以我们需要保证培训的有效时间，尽量缩短培训时长，让员工在较短的时间内学习到较多的税务知识。

4. 培训师资的聘请

企业应当聘请优秀的讲师对员工进行培训，他们不仅可以向员工传播专业的税务知识，还可以将自己在行业内的实践经验分享给员工，使得员工在提升专业能力的同时丰富见识。讲师的高度决定培训的质量，培训的质量决定员工的提升效果。

此外，培训讲师仅仅自身优秀是不够的，他们还需要有良好的沟通能力和教学技巧，要保证员工可以接受与学习这些优秀讲师的知识。好的讲师不仅有知识、有内涵，还会激发学员的积极性与学习兴趣，两者兼备的讲师才是企业最需要的税务业务培训者。

三、评估培训效果并持续改进

对税务培训效果进行评估，单纯对最终的效果进行查验是不准确的，因为我们缺少一个参考值和对比物，所以企业还需要在培训前、培训中进行准确的评估。随着评估工作的开展，企业就可以持续地发现培训中的问题并进行改进，从而确保培训效果。

R 企业是一家大型跨国公司，致力于提供高质量的税务服务。为了确保员工具备最新的税务知识和技能，R 企业决定开展一系列税务培训项目。为了评估培训效果并持续改进，R 企业采取了多种方式评估税务培训结果。以下是其评估过程：

培训前评估

在培训开始之前，R 企业通过问卷调查和面试了解员工的税务知识水平和培训需求。这有助于确定培训内容和方法，确保培训项目符合员工的实际需求。

培训中评估

在培训过程中，R 企业通过以下方式评估培训效果。

（1）实时反馈。培训师在培训过程中收集员工的反馈意见，了解培训内容是否符合员工需求，培训方法是否有效。

（2）小测验。在培训的不同阶段进行小测验，以评估员工对培训内容的理解和掌握程度。

（3）角色扮演。通过模拟税务咨询场景，让员工在实际操作中应用所学知识，评估他们的实际操作能力。

培训后评估

培训结束后，R企业通过以下方式评估培训效果。

（1）书面考试。通过书面考试评估员工对培训内容的掌握程度，考试成绩可以作为员工是否通过培训的依据。

（2）项目作业。让员工完成与实际工作相关的项目作业，评估他们在实际工作中运用所学知识的能力。

（3）360度反馈。通过同事、上级和下属的反馈，了解员工在培训后的表现和进步。

长期跟踪评估

为了持续改进培训效果，R企业采取了以下措施。

（1）定期跟进。定期对员工进行跟进评估，了解他们在实际工作中应用所学知识的情况。

（2）培训效果调查。在培训结束后一段时间内，通过问卷调查和访谈了解培训对员工工作的影响，评估培训的长期效果。

（3）持续学习计划。鼓励员工参加持续学习计划，以保持他们的税务知识和技能的更新。

通过以上多种方式评估税务培训结果，R企业能够全面了解培训效果，并根据评估结果持续改进培训项目，确保员工具备高质量的税务知识和技能。

分析上述案例，我们可以发现，企业在进行税务培训过程中，不同阶段可以选择的评估方式不尽相同。另外，培训结束不代表员工的提升之路停止，企业也可以通过长期跟踪的方式来督促员工持续进步。

1. 培训前评估

在培训前，企业可以通过调查问卷、面试等方式了解员工需求：

（1）调查问卷。企业可草拟一份详尽的调查问卷，用来了解员工现阶段对税务知识的掌握情况、对培训活动的需求、个人的学习偏好等信息。

（2）面试。企业可以通过面对面的交流方式直观地了解员工需求，在询问他们个人能力、工作经验、培训需求的同时激发对方提升能力的积极性。

2. 培训中评估

在培训中，企业可以通过实时反馈、小测验、角色扮演等方式评估员工学习的程度：

（1）实时反馈。在培训过程中，企业可以通过提问、讨论等方式，及时获取员工对培训内容的反应和理解情况。

（2）小测验。企业可以定期进行小测验，检验员工对所学知识的掌握情况，同时也能激发大家的学习动力。

（3）角色扮演。企业可以通过模拟税务工作场景的角色扮演，评估员工将理论知识应用于实际工作中的能力。

3. 培训后评估

在培训后，企业可以通过书面考试、项目作业、360 度反馈等方式来掌握最终的培训效果。

（1）书面考试。通过书面考试，企业可以测试出员工对税务知识的掌握程度，确保他们能够达到预定的学习目标。

（2）项目作业。企业可以布置与实际工作相关的项目作业，以此评估员工将所学知识综合运用的能力。

（3）360 度反馈。通过同事、上级和下属的全方位信息反馈，企业可以进一步了解员工在培训后的实际工作表现和团队协作能力。

4. 持续跟踪评估

在工作中，企业可以通过定期跟进、培训效果调查、持续学习计划等方式来鼓励员工持续进步。

（1）定期跟进。定期与员工进行交流，企业就可以了解他们在实际工作中的应用情况和遇到的困难。

（2）培训效果调查。企业可以定期进行培训效果调查，收集员工对培训内容和方法的反馈，以便不断优化培训计划。

（3）制订持续学习计划。企业应该鼓励员工制订并执行个人的持续学习计划，以适应税务领域的不断变化和发展。

第二节　会计专业：提升员工能力水平

中小企业的规模虽然比不上很多底蕴深厚的大型企业，但是需要处理的税务工作却不会简单多少，为了保障税务项目的完成进度与成果，我们有必要提升会计人员的专业能力。知识储备充足、实践经验丰富的会计人员可以帮助企业更好地遵守税法规定降低成本支出，从而提高整体的经济效益，如图 4-1 所示。

一、定期组织内部培训和交流活动

企业想要提高会计团队的专业能力与工作效率，须定期组织内部培训和交流活动，这些活动可以加深会计人员对行业相关税法的理解，让他们在财务报告、税务规划、税务审计等方面拥有更多的操作空间与处理能力。

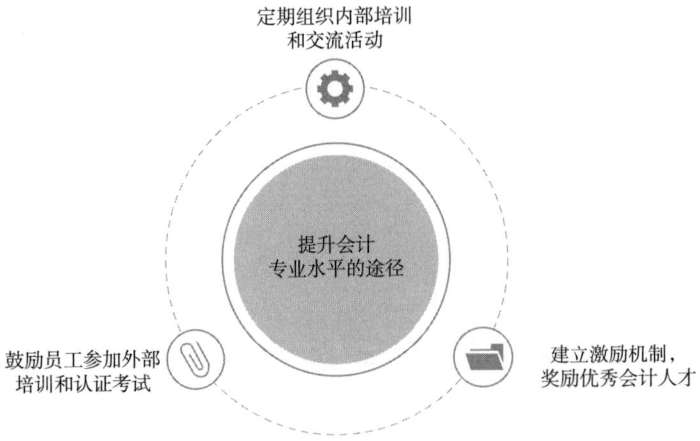

图 4-1　提升会计专业水平的途径

1. 聘请专家进行专题讲座

定期培训可以加深会计人员对财务法规、会计准则、税务政策的掌握。我们深知，会计相关的法规是不断变化和更新的，会计人员如果想要及时了解这些情况，就需要企业为他们提供一个好的环境与渠道，培训便是不错的选择。

一个企业的财务状况展示需要通过财务报告来实现，想要让投资者、合作者等利益相关者更直观地了解企业的实力，承担编制财务报告职责的会计人员要具备相应的能力。通过定期的培训，会计人员不仅可以掌握并应用最新的税务法规与规章制度，还可以学习和使用诸多的会计软件与财务工具，从而提高自身的工作效率。

内部的培训需要由专业的会计讲师来完成，凭借着自身的教学能力，引导学员去汲取知识，通过激发对方积极性来达到良好的培训效果。会计讲师的经验与经历都可成为培训的内容，讲述真实经历的案例更能让员工身临其境地理解并掌握会计知识。

2. 鼓励员工进行交流分享

比专家和领导更了解员工需求的是同事。在企业内部，诸多员工一起共事，甚至会共同处理相同的工作项目，那么员工不擅长哪个方面，同事可能更清楚。因此，企业可以鼓励员工之间进行经验分享和案例讨论，这不仅可以提高员工的个人能力，还可以培养大家的协作精神。

作为会计人员，很难保证能在工作过程中一帆风顺，每个会计人员都会遇到各种各样的问题。假设面对某一问题，员工甲先于员工乙遇到，那么甲的经验就可能成为乙解决相同或相似问题的参考。因此，员工之间合理分享与交流理应得到企业的支持与鼓励。

员工之间的关系可以在交流中逐渐增进，同时也可以增加对彼此的了解，在后续的合作中也就可以更加顺利和默契。互相了解、彼此亲近的员工能够组成协作的团队，他们往往更有凝聚力。通过团队合作，会计人员不仅可以相互学习帮助，还可以提高团队的执行力和创新力。

二、鼓励员工参加外部培训和认证考试

无论处于哪个行业，诸多中小企业都需要面临不断变化的财务法规、税务政策和技术发展。相应地，内部的会计人员也需要不断地提高个人专业能力、丰富自身知识储备。除了上面提到的内部培训和交流，企业还应该积极鼓励员工参加外部培训和认证考试。

1. 鼓励员工参加外部培训

员工参加外部培训主要有两个渠道：一是通过行业动态资讯参加外部培训活动；另一个是企业提供外部培训课程，企业需要与会计培训机构建立合作关系，为员工提供外部培训的机会。

一般情况下，我们判断外部培训课程的质量，可以检查其是否涵盖新的会计准则、税务法规、财务报告要求、数据分析信息等关键内

容。通过参与有效的外部培训，员工可以深入了解行业动态，在掌握更多专业知识后提高工作效率。

2. 支持员工参加认证考试

会计人员的专业能力一方面决定了相关工作的质量与效率，另一方面也代表着企业在合作方心中的印象，而最能够向外界展示员工专业能力的就是高含金量的证书。为了提高员工能力，让其获得更多发展机会，企业有必要支持他们参加一些专业的认证考试。

目前，针对会计人员的专业认证考试有很多，比如，注册会计师（CPA）、注册管理会计师（CMA）、注册信息系统审计师（CISA）等。这些考试的证书通常由专业机构颁发，并在会计、审计和管理会计等领域内得到广泛认可。

（1）注册会计师（CPA）。注册会计师是指通过了注册会计师资格考试，并在会计、审计等领域具备专业知识和技能的专业人士。CPA证书在全球范围内具有较高的认可度，尤其是在财务报告、税务规划和审计等领域。

（2）注册管理会计师（CMA）。注册管理会计师是指专注于企业内部的财务和管理会计工作的专业人士。CMA 认证强调对商业决策的支持和企业价值的提升，适合那些希望在企业中担任财务规划、分析和控制等角色的人士。

（3）注册信息系统审计师（CISA）。注册信息系统审计师是指专门从事信息系统审计、控制和安全工作的专业人士。CISA 认证关注于评估信息系统和企业内部的控制体系，确保信息系统的可靠性和安全性，适合于那些在 IT 审计、信息安全和风险管理领域工作的人士。

3. 企业的实质性支持举措

鼓励员工参与外部培训和认证考试，如果只是停留在口头宣传，很容易出现员工不重视、不在意的情况，所以，企业可以采取一个实质性举措，让员工感受到能力提升的必要性，同时也意识到自身有机会实现提升。

为了鼓励员工积极参与培训和认证考试，公司可以提供以下支持措施。

（1）费用报销。很多员工有提升自己的想法，但却迫于经济压力而无法实现。对此，企业可以提供费用报销的举措。比如，参与企业合作机构的外部培训者，企业可以予以报销；对于参加认证考试并顺利获得证书者，企业可以报销考试报考费用。

（2）学习时间。员工的精力是有限的，参加培训与考试本身就是极其消耗精力与时间的活动，因此，针对有参加外部培训和认证考试意向的员工，公司可以适当地降低工作量或缩短工作时长，让对方有更多的精力和时间学习。

三、建立激励机制，奖励优秀会计人才

有的员工提升能力是出于自身需求，而有的员工可能并没有这样的想法。面对没有提升欲望的员工，企业可以设立相应的奖励机制。

某企业实施了一项会计人才激励计划，旨在激发会计人员在税务管理方面的创新精神和积极性。该计划规定，对于在税务项目中提出创新方案并成功实施的会计人员，企业将给予一定的奖金和职位晋升机会。

为了确保激励计划的顺利实施，企业专门成立了评审委员会，负责评估会计人员提出方案的可行性和创新性。评审委员会由公司高层

领导、财务部门负责人及外部税务专家组成，确保评审过程的公正性和专业性。

在激励计划的推动下，会计人员的积极性得到了极大的提升。他们不仅在日常工作中更加认真负责，还主动学习新知识，关注行业动态，积极探讨税务管理的新思路。通过团队合作和创新思维，会计人员提出了多项优化建议，为企业合规经营作出了贡献。

其中，一名会计人员提出了利用税收优惠政策进行企业重组的方案，成功为企业节省了成本。另一名会计人员则通过优化供应链管理，合理安排采购和销售环节，为企业降低了运输成本。这些创新方案不仅为企业带来了经济效益，还提升了企业的整体税务管理水平。

在实施激励计划的过程中，企业还注重对会计人员的培训和发展。公司定期组织税务知识讲座和培训课程，邀请业内专家进行授课，帮助会计人员不断提升专业技能。此外，企业还建立了内部晋升机制，为表现优秀的会计人员提供更多的职业发展机会。

通过实施会计人才激励计划，该企业不仅在税务管理工作中取得了显著成果，还培养了一支高素质的会计人才队伍，这对其未来发展来说，就是一大助力和底气。

通过上述案例，我们可以看到激励机制可以激发更多员工去提升自我。但是，激励机制不能随意设置，在构建过程中，企业还有许多方面需要多加注意：

1. 激励机制的奖励形式

激励机制的奖励一般包括物质奖励和精神奖励。物质奖励有奖金、奖品等，它们可以让员工接收到看得到的物质；精神奖励有荣誉称号、公开表彰等，这些可以增加员工的个人荣誉感。不同层级的员工希望得到奖励形式不同，企业需要作出准确的判断。比如，很多管理层级的员工往往更喜欢精神奖励。

2. 激励机制的时间周期

企业在设置激励机制时，应该考虑其发挥作用的时效，最好选择长期与短期结合。短期激励可以在短时间内激发会计人员的积极性，让他们快速提升自己并将成效反映在实际工作中；长期激励可以帮助企业培训会计人才，这些人员通常会成为黏性员工，他们对企业有很强烈的忠诚度。

3. 激励机制的意见采纳

企业在建立激励机制时不能“埋头苦干”，而是应该积极听取会计人员的意见与想法。问卷调查、座谈会等都可以成为收集员工意见的方式。根据员工的想法来建立激励机制，可以尽可能地满足更多员工需求，从而发挥出理想的激励效果。

第三节　问题路径：正确处理复杂会计问题

在处理税务工作的过程中，可能会出现诸多会计方面的问题，对于难度较低的问题，企业内部的人员往往有能力解决。但是也有一些复杂的会计问题，不仅需要处理人员具有很高的专业水平，还需要投入大量的时间。此时，企业就应该采取其他更合适的措施来处理，如图 4-2 所示。

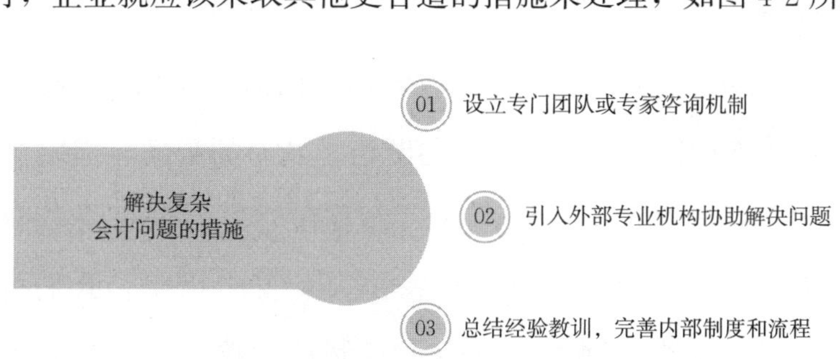

图 4-2　解决复杂会计问题的措施

一、设立专门团队或专家咨询机制

为了解决复杂的会计问题，企业可以考虑在内部建立一个专门的团队，他们可以利用个人能力和协作能力处理相关问题；我们也可以尝试建立一个专家咨询机制，当会计人员遇到难题时，对方可以快速提供解决的思路与方案。

1. 设立专门团队

企业渴望设立的专门团队是能够快速、准确解决其他会计人员不能处理问题的组织，那么该团队的成员就需要具备充足的会计知识。比如，会计理论知识、税务与财务相关经验，这些都是帮助他们处理诸多复杂会计问题的关键。

另外，仅仅将一些有能力的人汇聚在一起，并不能称之为真正的团队，企业还应该要求该团队成员具有良好的沟通能力和协作能力，保证会计相关信息的准确传达与共享，同时也使得团队人员的工作意见达成一致。

2. 建立专家咨询机制

中小企业员工的会计问题应对经验可能会受企业规模、业务范围等因素制约，使得他们缺乏处理复杂会计问题的能力。此时，我们就可以建立专家咨询机制，以便于为大家提供获取专业指导的渠道。企业可以与会计师事务所、税务咨询公司、专家顾问团队等机构建立长期合作关系，保证其能够在遇到复杂会计问题时给予及时的帮助与指导。

考虑到会计信息的隐私性，很多企业在建立专家咨询机制时可能会有所顾虑，但通过引入严格的保密协议和安全措施，我们可以有效缓解这些担忧。正确地建立专家咨询机制，不仅可以加快企业处理复杂会计问题的速度，还可以增加企业对行业相关法规变动的了解。

二、引入外部专业机构协助解决问题

在某些情况下，中小企业的内部资源和员工能力可能不足以应对诸多的复杂会计问题，同时企业又希望可以快速掌握相关信息，那么我们选择引入外部专业机构，并与其保持良好的协作与沟通，以确保对方能够为我们提供准确的解决方案。

1. 选择合适的外部机构

合适的外部机构是助力，不合适的外部机构则可能成为阻力，既然选择引入外部机构，企业就需要认真地筛选并确定要合作的对象。我们需要从多个方面考虑外部机构的适配性。比如，专业资质、行业声誉、服务经验、费用标准等。

企业可以在规划成本支出后，在能够接受的范围内选择合适的外部机构进行合作。在排除费用因素后，通过招标、推荐或咨询等方式，深入了解多个外部机构的实际情况，在仔细比对后选择最适合的机构达成合作。

2. 协作与沟通

在确定与外部机构合作后，企业就需要建立有效的沟通机制，旨在实现双方的信息共通。我们应该向合作的外部机构阐明期望目标、处理时长等需求，让对方在处理我们的业务时有明确的方向，不至于乱了阵脚。

让外部机构帮助企业处理复杂会计问题，并不意味着我们就可以做“甩手掌柜”。相反地，我们理应对外部机构的工作进度和工作质量进行实时的跟踪与评估。外部机构的会计信息均由企业提供，在督促过程中，我们更容易发现信息，同时也可以提高外部机构的工作集中力。

三、总结经验教训，完善内部制度和流程

无论出现什么样的问题，问题是否得到解决，企业都应该将整个

过程的有用信息进行记录和总结，以便于从中挖掘规律和经验教训。通过对过去问题的剖析，我们往往可以总结出有用的信息，它可以成为解决未来问题的重要参考，以便于帮助企业完善内部制度和流程。

在过去的几年中，F企业遇到了一些会计问题，如收入确认不准确、成本核算不规范、财务报表不真实等。这些问题不仅影响了企业的财务状况，还给企业带来了潜在的法律风险。

为了解决这些问题，F企业采取了以下措施。

(1) 加强会计培训。F企业组织了一系列会计培训活动，提高员工的会计知识和技能。同时，企业还邀请了外部专家进行授课，以帮助员工更好地理解和掌握会计准则。

(2) 完善内部制度。F企业对现有的内部制度进行了全面梳理，修订和完善了相关制度，如财务管理制度、成本核算制度等。此外，企业还制定了新的制度，如收入确认制度、财务报表编制制度等。

(3) 优化财务流程。F企业对现有的财务流程进行了优化，简化了不必要的环节，提高了工作效率。同时，企业还引入了先进的财务软件，实现了财务数据的自动化处理，降低了人为错误的可能性。

(4) 加强内部审计。F企业设立了独立的内部审计部门，定期对企业财务状况进行审计，确保财务数据的真实性和准确性。此外，企业还建立了举报机制，鼓励员工举报财务违规行为。

通过以上措施，F企业成功解决了复杂的会计问题，提高了财务管理水平。同时，企业还为未来的发展奠定了坚实的基础。

通过F企业的案例，我们可以总结出提高解决复杂会计问题能力的四个举措：加快会计培训、完善内部制度、优化财务流程和加强内部审计，具体分析如下：

1. 加强会计培训

员工的实践经验和知识储备是解决问题的关键，当员工的能力足够强时，复杂的会计问题会自动降低难度。因此，企业应该重视对员工的会计培训。比如，定期为员工讲解最新的法规要求、向员工普及多项会计要求等。通过持续的培训与教育，员工就可以更好地理解复杂知识、处理复杂问题，从而提高企业财务管理水平。

2. 完善内部制度

内部制度在一定程度上影响着企业多项工作的运营，会计问题处理便是其一。为了防止某些制度制约复杂会计问题的处理，企业应该定期审查内部制度。一旦发现相关制度存在问题，我们就需要及时修改和完善。此时，企业就需要考虑到采购、销售、库存管理、人力资源等诸多流程。同时，外界的变化也决定了企业制度需要不断更新。例如，税法更新可能会使现有内部制度不适用于复杂会计问题的解决。

3. 优化财务流程

复杂会计问题的处理属于财务业务的范畴，当企业不断优化财务流程时，就可以简化诸多不必要的环节，那么会计人员处理复杂问题的效率自然会随之提高。先进技术的发展，使得优化财务流程不再是难事。比如，我们可以引入自动化工具和财务软件，以此提高数据的录入效率和准确性，从而避免低级错误的出现。

4. 加强内部审计

解决复杂会计问题可以从避免出现问题入手，如果我们能够始终保持对会计事务的敏感度与掌握度，就可以在问题出现前及时制止，即便是不能阻止问题发生，企业也应该及时发现问题并解决。因此，企业应该建立内部审计部门，旨在及时发现潜在的问题和已经存在的错误，并在评估现阶段实际情况后进行及时的处理。

第五章　内部会计服务质量控制

会计服务质量控制是企业财务管理中至关重要的一环，直接关系到财务数据的准确性、完整性及决策的科学性。通过有效的质量控制，可以确保会计服务的每个环节都符合法律法规和会计准则，避免由于数据错误或操作不当而带来的风险。

第一节　质量控制体系：建立与维护

会计相关业务在企业财税项目中占有不小的比例，它的服务质量会直接关系到企业的财务健康状况和财税合规情况。因此，企业想要快速、精确落实财税合规工作，就需要建立一个完善有效的质量控制体系，以确保企业能够拥有较高的信誉度和市场竞争力，同时也能通过遵守法规来避免风险，如图 5-1 所示。

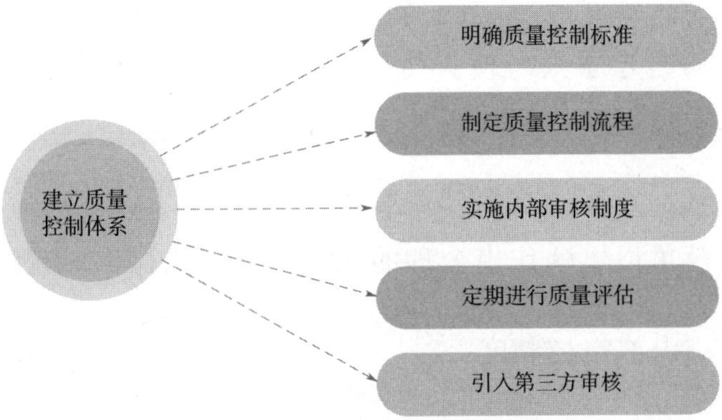

图 5-1　建立质量控制体系

一、明确质量控制标准

想要确保会计服务的高效与准确，我们就必须明确针对会计服务的质量控制标准。比如，想要让所有财务数据准确有效，我们就需要保证相关数据的准确程度；想要信息在员工之间快速传递，我们就需要保证相关报告的及时性。同时，会计人员也应该注重自身服务的专业性，保证自己的行为不会为企业带来名誉或经济上的损失。

为了保证制定的质量控制标准符合行业标准，我们需要深入探究行业的实际发展情况，并结合企业自身的运营模式、业务需求等因素归纳关键信息。按照这样的方式制定的会计服务质量控制标准，往往更能够帮助企业提高会计服务的质量。

二、制定质量控制流程

在明确标准后，我们就可以进入质量控制流程的环节，这一步骤要求企业对会计工作中的每个环节都做好周密的规划与安排。比如，凭证的审核、账目的处理、报表的编制等，这些都属于比较关键的环节，稍有疏忽可能就会影响会计服务的质量控制效果。

在设计会计服务质量控制流程时，企业确保相关人员的每一个操作都有清晰的指导原则与检查机制。其中，指导原则可以让员工工作更加有条理；检查机制则可以帮助企业及时发现潜在的问题并加以处理。另外，我们还应该考虑到流程的灵活变动性。当面临一些突发情况时，企业就可以迅速作出合理的调整，从而确保该流程的效用。

三、实施内部审核制度

对会计服务进行有效的质量控制，最关键的一项任务是及时发现并纠正日常工作中的诸多问题。此时，定期进行内部审计就是一个正确的决策。需要注意的是，负责内部审计的人员既要有评测资格，又要有一定的指导能力。

想要确保在内部审计上付出的努力能够有成果，企业需要建立一个专门的内部审计部门，它应该由经验丰富、能力出众的审计人员组成。企业需要合理制定相应的内部审核制度，审计人员按制度要求行事，定期向管理者提交审计结果，并适当的提出改进意见，以促进企业会计服务的持续完善。

四、定期进行质量评估

企业进行会计服务质量控制的目的是提高会计服务的质量。我们需要对会计服务进行定期的质量评估，清楚哪些方面应该提升。企业可以通过客户满意度调查、内部质量检查等途径进行准确评估，进而了解自身服务的优势与不足。

同时，评估工作的落实，还可以帮助企业深入分析会计服务流程中的潜在问题和风险，为其提供诸多宝贵且关键的反馈信息。在获得有效反馈后，我们就可以基于问题制定具体改进措施，保证在提高服务质量与效率的同时获得更多客户和合作者的信任与认可。

五、引入第三方审核

企业依靠内部力量提高会计服务质量是一种选择，事实上，我们也可以借助外部的帮助来进行会计服务的质量控制。此时，第三方审计的重要性就凸显出现。第三方审核机构通常在行业内有很高的声誉，这得益于其具有较高的独立性与专业性，能够为企业提供客观的评价和关键的指导。

引入第三方审核的同时，企业也相当于增加了一个保持亲密关系的合作伙伴，我们可以借助第三方审核机构的公信力来提高企业自身的社会认可度。除此之外，第三方审核机构可以凭借丰富的审核经验，帮助企业发现更多内部容易被忽视的问题，从而提高服务优化的效率。

例如，Q 企业想要提高会计流程和财务报告的准确性和透明度，以吸引更多的投资者和合作伙伴。然而，企业内部的会计团队虽然努力，但受限于资源和专业知识，难以达到行业最佳实践标准。

Q 企业的会计服务质量存在以下问题：

（1）内部审计流程不够严格，导致财务报告中存在一些错误和不一致性。

（2）会计团队缺乏行业知识和对法规更新的理解，导致财务报告可能不符合最新规定。

（3）缺乏独立的第三方评估，使得企业管理层和外部利益相关者对财务报告的信任度不高。

为了解决这些问题，Q 企业决定引入一家声誉良好的第三方审核机构——C 审计服务公司，以提高其会计服务质量。以下是实施步骤：

（1）选择第三方审核机构。通过市场调研和比较，Q 企业选择了 C 审计服务公司，因其在行业内拥有良好的声誉和丰富的经验。

（2）签订服务合同。Q 企业与 C 审计服务公司签订了详细的服务合同，明确了审核范围、时间表、费用和双方的责任。

（3）初步评估。C 审计服务公司对 Q 企业的会计流程、内部控制和财务报告进行了初步评估，识别了存在的问题和潜在风险。

（4）制订改进计划。根据初步评估的结果，C 审计服务公司与 Q 企业的会计团队合作，制订一套详细的改进计划，包括流程优化、员工培训和系统升级等。

（5）实施改进措施。Q 企业按照改进计划，对会计流程进行了优化，加强了内部控制，并对会计团队进行了专业培训，以确保他们了解最新的会计准则和法规要求。

（6）定期审核与报告。C 审计服务公司定期对 Q 企业的会计流程和财务报告进行审核，并提供详细的审核报告。这些报告不仅帮助 Q

企业及时发现并纠正问题，还增强了外部利益相关者对公司的信任。

在引入第三方审核机构后，Q企业的会计服务质量得到了显著提升：

（1）财务报告的准确性和透明度大幅提高，减少了错误和不一致性。

（2）会计团队的专业知识和技能得到了加强，确保了财务报告符合会计准则和法规要求。

（3）通过独立的第三方评估，公司管理层和外部利益相关者对财务报告的信任度显著提高，有助于吸引更多的投资者和合作伙伴。

Q企业通过引入第三方审核机构C审计服务公司，成功提高会计服务质量，不仅解决了内部问题，还增强了外部信任，为公司的持续发展奠定了坚实的基础。

第二节　会计业务监督：执行与优化

为了实现对会计服务的质量控制，企业可以在会计业务进行的过程中作出努力和采取行动。企业应该安排专业的人员进行业务监督，他们虽然不能直接加入到会计服务工作中，但是可以督促会计人员更加认真地处理工作，间接地提高企业会计服务的质量。

某会计师事务所的管理层决定成立一个专门的内部监督部门，负责监督会计业务的执行。该部门由经验丰富的高级会计师领导，并由几名具有专业技能的审计师组成。监督部门的主要职责包括：

（1）定期检查会计业务的执行情况，确保符合相关法规和公司内部标准。

（2）对会计业务进行风险评估，识别潜在问题并提出改进建议。

（3）对会计业务的执行结果进行评价，确保客户满意度。

在监督机制建立后，该会计师事务所开始实施内部监督工作。以下是几个关键步骤：

（1）制订监督计划。监督部门根据公司的业务特点和客户需求，制订了详细的监督计划。计划包括监督的频率、范围和方法，以确保全面覆盖公司的各项业务。

（2）实施监督。监督部门按照计划开展工作，对会计业务进行定期检查。在检查过程中，监督人员会与项目负责人进行沟通，了解业务执行情况，并查阅相关文件和记录。

（3）风险评估。监督部门对检查结果进行风险评估，识别潜在问题。例如，在一次检查中，监督人员发现某项目的审计报告存在遗漏重要信息的问题。监督部门立即向项目负责人反馈，并提出改进建议。

（4）改进措施。项目负责人根据监督部门的反馈，采取相应措施进行改进。例如，加强团队内部沟通，确保信息的完整传递。同时，监督部门也会跟踪改进措施的实施情况，确保问题得到解决。

通过实施内部监督机制，该会计师事务所取得了显著的成效：

（1）会计服务质量得到提升。监督机制的实施使得会计业务执行更加规范，减少了错误和遗漏，提高了会计服务质量。

（2）客户满意度提高。由于会计服务质量的提升，客户对会计师事务所的满意度也相应提高。这为公司赢得了更多的客户和业务机会。

（3）员工素质提升。在监督机制的推动下，员工更加注重专业知识和技能的提升，从而提高了整个团队的专业素质。

我们可以发现，上述案例中的会计师事务所通过建立和实施内部监督机制，成功实现了对会计服务质量的控制。然而，我们想要真正实现对会计服务质量的控制，还可以从多个方面入手。比如，设立专门的监督架构、实时监控会计业务操作、设立举报渠道并鼓励员工参与监督、对违规行为进行处罚和纠正、定期反馈监督结果并优化业务流程等，主要措施如图 5-2 所示。

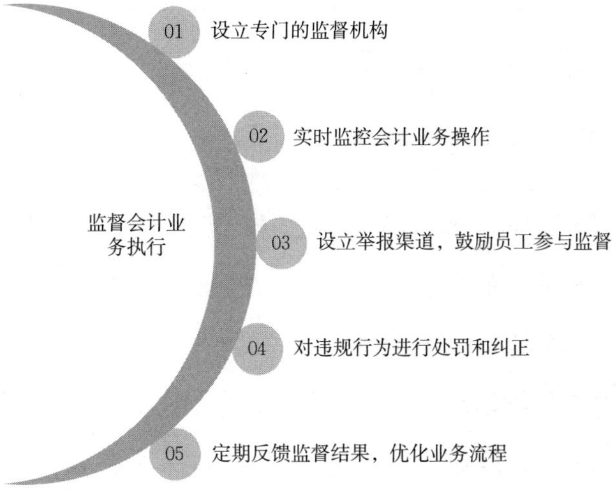

图 5-2 监督会计业务执行

一、设立专门的监督机构

想要提高会计服务的质量，企业应设立一个专门的监督部门，主要负责监督和管理会计业务的诸多工作。该部门的成员理应具备丰富的会计工作经验和专业会计知识，旨在确保监督职责的完美执行。

企业监督部门需要承担的工作有很多，且具有一定的复杂性，其内容大致如下：

（1）制定和更新会计政策和程序，确保符合相关法律法规和企业内部规定。

（2）定期审查会计记录和财务报表，确保准确性和完整性。

（3）对会计业务进行定期检查，发现潜在问题并提出改进建议。

（4）协调与外部审计机构的合作，确保外部审计的顺利进行。

（5）对违规行为进行调查，并提出相应的处罚建议。

为了防止与其他部门的过多接触而影响监督公平，监督部门应该保持其在企业内的独立性和客观性。当监督部门得出有用的结果后，需要及时、准确、全面地向高层管理者直接汇报，旨在让对方快速准确掌握会计信息后作出正确的指导与决策。

二、实时监控会计业务操作

提高会计服务质量的一大表现是发现业务中的问题并将其解决，为了能够提高效率，企业应该设置实时监控系统跟踪会计业务的操作。

实时监控系统具备以下功能：

（1）自动收集和分析会计数据，以便及时发现异常情况。

（2）对会计业务操作进行实时记录，确保所有操作都有据可查。

（3）生成实时报告，供监督机构和管理层参考。

（4）与企业内部其他系统（如财务管理系统、人力资源系统等）进行集成，实现数据共享和协同工作。

（5）提供预警机制，当发现潜在问题时，及时通知相关人员进行处理。

实时监控系统由专业团队研发。此外，企业还需要安排专业的人员对监控系统进行实时的审计，在发现问题的第一时间告知研发团队，防止影响正常的监控节奏。

三、设立举报渠道，鼓励员工参与监督

为了充分发挥员工在监督会计业务中的作用，企业可以设立专门的举报渠道，鼓励员工积极举报违规行为。

员工的眼睛是雪亮的、意见是宝贵的，企业想要确保他们提供的信息能够准时传达到位，需要设置严谨的举报渠道，该渠道应该具备以下特点：

（1）提供多种举报方式，如电话、电子邮件、信件等。

（2）保护举报人的隐私和安全，防止其因举报而受到不公平对待或报复。

（3）对举报内容进行严格保密，确保举报信息不会泄露给无关人员。

（4）对举报人进行奖励，以激励更多员工参与监督。

（5）对举报信息进行及时处理，确保问题能够得到妥善解决。

举报渠道在投入使用后，就要充分发挥出作用。企业需要注意该渠道的使用情况，有时候使用频率低并不代表会计业务没有问题。企业需要对举报渠道进行定期评估，保证能够一直得到应用。

四、对违规行为进行处罚和纠正

如果员工的错误得不到处罚，长此以往企业可能面临风险，为了保证会计业务的合规性，我们需要对员工的违规行为进行相应的处罚和合理的纠正。企业应该针对违规行为制定合理的处罚政策，让违规员工警醒。

企业的处罚政策应该是全面的、客观的，旨在不放过任何违规行为，也不误会任何一个员工，该政策应该包括以下内容：

（1）明确违规行为的定义和分类，如财务造假、挪用公款、违反内部控制程序等。

（2）规定对不同违规行为的处罚措施，如警告、罚款、降职、解雇等。

（3）设立专门的调查小组，负责对违规行为进行调查和取证。

（4）确保处罚过程的公正性和透明度，避免受到不当影响。

（5）对违规者进行教育和培训，帮助其认识到错误并改正。

企业可以将处罚政策作为比对的参照物，仔细分析违规行为的发生频率和类型，在归纳总结后提高员工的会计服务质量，并不断优化原有的处罚政策。

五、定期反馈监督结果，优化业务流程

企业可以通过持续改进会计业务流程来提高服务质量，为此，我们应该定期反馈监督的结果，并根据一些重要的反馈信息来优化相关的业务流程。

定期反馈监督结果对企业来说，是一项重要且具有难度的工作，其步骤一般包括：

（1）汇总和分析监督机构、实时监控系统和举报渠道收集的信息，找出存在的问题和不足。

（2）将监督结果向管理层和相关部门进行反馈，以便采取相应的改进措施。

（3）制订业务流程优化方案，针对发现的问题进行改进。

（4）对优化方案的实施效果进行跟踪和评估，确保其能够达到预期目标。

（5）将优化成果向全体员工进行宣传和分享，鼓励大家积极参与业务流程的改进。

企业还应该对会计业务流程的优化情况进行评估，这样做不仅可以督促优化工作的落实，还可以分析优化措施的实施效果，以便于发现不足之处并加以改进。

第三节　新会计理念：引入与实践

企业在追求财税合规的过程中，对会计服务质量进行控制成为比较重要却艰巨的一项任务，然而，很多传统的会计理念和方法已经不能完全满足现代企业的需求。因此，企业需要且有必要引入新的会计

理念，因为其更强调数据的实时性、分析的深度，以及决策的前瞻性，如图 5-3 所示。

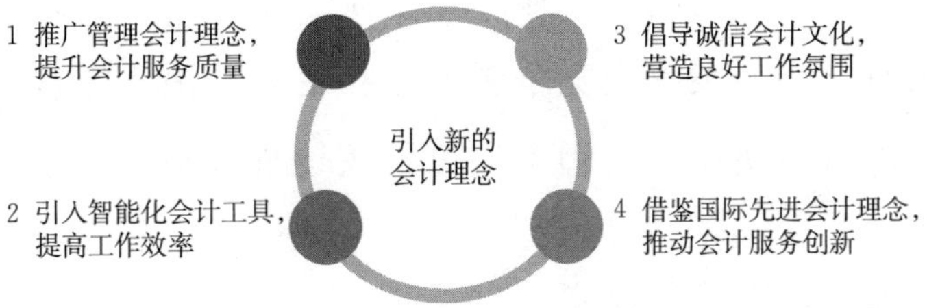

图 5-3 引入新的会计理念

一、推广管理会计理念，提升会计服务质量

管理会计理念在近些年被越来越多的企业引入，大多数应用企业都十分肯定它的作用。管理会计理念可以提供诸多重要的财务信息，有利于企业优化资源配置并提高运营效率。在引入该理念后，企业能够掌握的会计信息更加丰富，这对提升服务质量很有帮助。

要想引入管理会计理念，必须得到自上而下的认可。企业高层管理人员应该认识到管理会计在多项业务中的重要作用。只有管理者从心里认可，它才会被执行下去。为了加深高层人员对管理会计理念的了解，我们可以尝试举办研讨会、工作坊等活动，让其直观地感受该理念的重要性。

在引入应用后，真正贯彻落实管理会计理念的负责相关业务的会计工作人员，此时，企业就需要让这些员工感受到新理念的作用。管理会计理念内涵很丰富，成本效益分析、预算控制等都属于其范畴。例如，通过成本效益分析，会计部门可以计算新产品的预期成本与收益，进而明确该产品的开发可行性。

二、引入智能化会计工具，提高工作效率

人工智能、大数据、云计算等先进技术的发展，使得中小企业的会计业务逐渐趋向于智能化。如果一个企业不能引入合适的智能化会计工具，很有可能会跟不上竞争者的工作进程。诸多智能化会计工具都被投入经济市场使用，它们不仅可以快速处理业务，还能减少人为错误。

如果企业可以有效提高会计业务的处理效率，就能有更多的时间与精力去管控质量，所以应该积极地引入智能化会计工具。

例如，2024 年 T 企业管理层，发现行业内的竞争者能力都在逐渐提高，忽然意识到必须进行数字化转型。T 企业决定从财务管理入手，通过引入先进的自动化和智能化工具来优化财务流程。

在转型之前，T 企业的财务部门面临着一系列问题：

（1）会计人员需要花费大量时间手动录入数据，效率低下且容易出错。

（2）审计工作耗时且依赖于审计人员的经验，难以发现隐蔽的异常交易。

（3）财务分析报告的生成周期长，难以满足快速决策的需求。

（4）企业缺乏实时的财务数据监控，对市场变化的响应不够灵敏。

在对问题进行仔细分析后，T 企业尝试采取以下措施：

（1）引入自动化记账软件。T 企业投资了一套先进的自动化记账软件，该软件能够与 ERP 系统无缝对接，自动录入和处理日常交易数据。这大大减少了会计人员的工作量，并且由于减少了人为操作，数据的准确性和可靠性也得到了提升。

（2）部署智能审计系统。为了提高审计效率和质量，T 企业部署智能审计系统。该系统利用大数据分析和机器学习技术，能够快速识

别异常交易和潜在的风险点，从而让审计人员能够专注于更复杂的审计任务。

（3）使用财务分析机器人。T企业还引入了财务分析机器人，该机器人能够处理和分析海量的财务数据，并提供实时的、深入的财务分析报告。这些报告帮助管理层更好地理解公司的财务状况，从而作出更加明智的经营决策。

通过实施上述解决方案，T企业取得了显著的成效：

（1）会计人员的工作效率提高了50%，错误率降低了80%。

（2）审计周期缩短了30%，审计质量得到了显著提升，审计成本也相应降低。

（3）财务分析报告的生成时间从几天缩短到几小时，为决策提供了有力支持。

（4）实时的财务数据监控使企业能够更快地响应市场变化，提高了企业的市场适应能力。

T企业的案例展示了数字化转型如何帮助传统企业解决长期存在的问题，并在竞争激烈的市场中获得优势。我们可以发现，通过引入自动化和智能化的财务工具，企业不仅可以提高工作效率和数据准确性，还能够增强决策支持能力，为自身的持续发展奠定坚实的基础。

三、倡导诚信会计文化，营造良好工作氛围

会计服务的质量在很大限度上依赖数据的准确性，在强调数据信息准确度的过程中，"诚信"二字基本贯穿了整个会计业务的全过程。为了有效控制和提高会计服务的质量，企业需要积极地倡导诚信文化，从而为员工营造良好的工作氛围。

某知名会计师事务所深知会计文化与良好氛围对会计服务质量控制的重要性，因此在全公司范围内推行了"诚信月"活动。该活动旨

在通过一系列精心策划的活动，强化员工对诚信重要性的认识，从而提升整个公司的会计服务质量。

在“诚信月”活动期间，公司组织了一系列的讲座和研讨会，邀请了行业内的专家和学者，为员工讲解诚信的重要性，以及如何在日常工作中践行诚信原则。这些讲座和研讨会不仅提高了员工的理论水平，还让他们深刻认识到诚信对于会计行业的重要性。

此外，公司还邀请了行业内的成功案例分享者，他们通过分享自己在诚信经营方面的成功经验，激发了员工的诚信意识。这些分享者用自己的亲身经历告诉员工，诚信不仅是道德的要求，更是企业发展的基石。他们的分享让员工更加明白，只有坚持诚信经营，从而赢得客户的信任，才能在竞争激烈的市场中立于不败之地。

通过这些活动的开展，该公司成功营造了一个公开透明、诚信为本的工作环境。员工们相互信任，相互尊重，共同为客户提供高质量的会计服务。这种良好的工作氛围不仅提高了员工的工作效率，还提升了整个公司的会计服务质量。

总之，通过推行“诚信月”活动，该公司不仅提高了员工对诚信重要性的认识，还成功营造了一个公开透明、诚信为本的工作环境。这种会计文化与良好氛围的建立，对于提升会计服务质量控制起到了积极的推动作用。

企业倡导诚信的会计文化是一个系统工程，需要从上到下、从内到外的全方位努力。为了创建一个诚信文明的会计服务环境，企业可以从管理者树立榜样、加强员工培训、建立完善的体系、鼓励员工相互督促保持与外部沟通等方面采取行动。

1. 管理者树立榜样

作为企业的高层管理者，他们不仅有指导工作、管理业务的职责，还应该承担起下级员工标杆的角色。“强将手下无弱兵”，一个拥有正确价值观、用道德标准要求自我的管理者，自然会成为员工的榜样。在优秀领导的带领下，会计人员更能够提高自己的工作效率与工作质量。

2. 加强员工培训

为了提高员工的职业道德认知和专业技能水平，企业应该组织定期培训或研讨会。在培养员工诚信文化意识的同时，很多会计专业知识也会自然被员工学习，从而提高专业能力水平。

3. 建立完善的体系

为了营造和谐诚信的会计业务氛围，企业需要对员工的会计行为进行规范，此时，我们就可以建立完善的内部控制体系，用来识别并防范财务造假和不正当会计操作。一个完善的内部控制体系，一般包括定期的内部审计、透明的财务报告、零容忍的违规行为等。

4. 鼓励员工相互督促

最接近员工工作实况的不是监督人员，也不是管理人员，而是与其共事的人员，企业应该鼓励员工之间进行互相的督促。为了不影响员工之间的关系、避免诸多报复心理或行为，企业可以尝试建立开放的沟通环境，让员工能够自由地指出他人问题。

5. 保持与外部沟通

会计诚信不仅需要内部员工提升意识，还需要外部利益相关者的高度认可，我们需要与外部合作者保持良好的沟通，保证他们能够掌握到企业准确的财务状况和会计信息。当企业与利益相关者之间足够坦诚时，对方对我们的信任自然会增强。

四、借鉴国际先进会计理念，推动会计服务创新

对于一些先进的国际会计理念，企业应该积极理解、学习和借鉴，以此推动会计服务的理念。国际先进会计理念是指在全球范围内被广泛认可和采用的会计准则、原则和实践，它们代表了会计领域的最佳实践和最新发展。

以下是一些国际先进的会计理念：

1. 国际财务报告准则

国际财务报告准则是一套由国际会计准则理事会制定的会计准则，很多跨国公司选择采用国际财务报告准则。

2. 公允价值计量

公允价值是指在公平交易中，双方自愿在熟悉情况后进行资产交换或负债清偿的金额。公允价值计量强调资产和负债的当前市场价值，而不是历史成本。

3. 全面收益观

全面收益观认为，企业应当报告所有已确认的收益和费用，包括那些不通过利润表直接确认的项目，如某些外币换算差额和其他债权投资的未实现收益或损失。

4. 资产负债观

资产负债观强调在会计处理中，企业首先需要确认资产和负债，然后根据资产的消耗和负债的清偿来确认收益。这与传统的收入费用观形成对比，后者首先确认收入和费用，然后计算利润。

5. 透明度和披露

投资者的态度对企业发展的影响力很大，为了获得对方的满意与

信任，企业应保证其有足够的知情权，国际先进会计理念则强调企业应提供透明、全面的财务和非财务信息，恰好与投资者的知情需求相对应。

6. 国际审计准则

为了保证财务报告的质量，国际审计准则指导审计师如何执行高质量的审计工作。

第六章　审计质量流程控制

审计质量流程控制包括制定审计程序与方法、编制审计工作底稿与审计报告，以及审计项目的计划与安排、项目监控与风险管理、提供技术支持与团队培训，开展各类审计项目，组建项目团队与计划。通过有效的团队管理，为企业的合规管理提供有力保障。

第一节　审计核心：定位审计重点与风险领域

对财税项目进行严格审计是保证业务合规性的关键举措，如果没有审计环节，企业就无法实时掌握财税工作的进展及合规情况，很有可能出现诸多问题、积累诸多风险，却不能及时发现。为此，我们强调，确定审计重点与风险领域是审计流程中的重要部分。

一、分析企业财税合规的情况

财税合规是企业能够维持稳定运营的关键。一家企业如果无法做到财税合规，不仅要承担相应的法律责任，还会影响自身的财务健康与市场声誉。为了保证财务活动合规性，企业需要重视审计工作的落实。在此之前，我们就需要分析企业财税的情况。

1. 分析财税合规情况有助于识别企业潜在风险点

对税务业务进行合理规划，可以帮助企业减少税务风险，税务规划应在税法允许的范围内进行。同时，企业之所以重视审计工作，就是为了及时识别潜在的风险点。

2. 合规性分析有助于评估内部控制体系的有效性

企业为了落实审计工作，通常会建立完善的内部控制体系。通过对财务进行合规性分析，我们可以深入地了解到内部控制体系的实际效用，明确其能否准确、迅速地发现错误行为并将其纠正，从而保障审计工作的有效性。

3. 了解企业的财税合规情况有利于提升审计效率

企业进行审计工作是为了实时监督并保证财税信息的真实性和准确性。在对目前的财税情况进行了解后，审计人员就可以快速识别出日常工作中存在的问题，并给出改进建议。合规性分析可以为审计人员节省不少了解财税信息的时间与精力，在确保审计质量的同时也能够提高审计效率。

4. 进行合规性分析有利于发现和防范舞弊的行为

发现和防范舞弊行为也是审计工作中的一部分，审计人员想要及时发现潜在的舞弊行为，并制定防范措施。同时，合规性分析也可以评估不合规行为，帮助企业及时规避与应对。

二、识别关键风险领域

在进行财税合规的审计工作时，审计人员需要完成的任务是识别企业运营过程中的关键风险领域，涉及财务报告、税务申报、资金流程、内部控制等多个方面。每个领域都需要审计人员高度重视，这样才可以及时识别风险并作出应对，如图 6-1 所示。

1. 财务报告的准确性与完整性

财务报告可以展现一家企业的经营情况和发展前景，如果该领域存在风险，对企业来说可能成为一大隐患。因此，我们需要进行定期审计，保证财务报告的准确性和完整性。

(1) 会计准则的遵循。审计人员需要检查企业是否按照适用的会计准则编制财务报告，其中包括收入、费用、资产和负债的正确分类和计量。

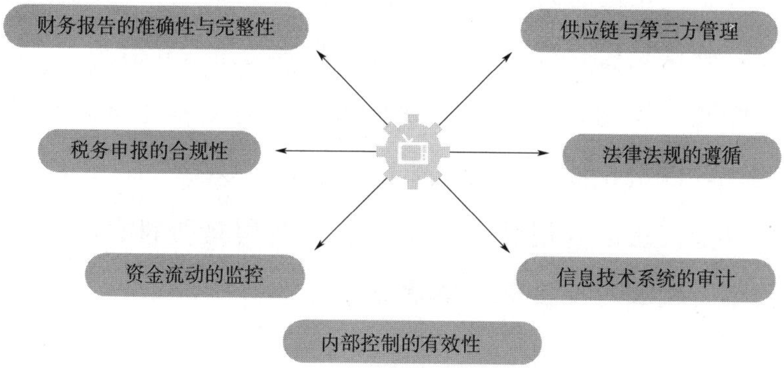

图 6-1 识别关键风险领域

（2）财务数据的准确性。审计人员需要验证财务报表中的数据是否准确无误，包括但不限于资产负债表、利润表和现金流量表。

（3）披露的充分性。企业必须在财务报告中充分披露所有重要信息，包括关联方交易、潜在的财务风险等。

2. 税务申报的合规性

税务申报应该符合企业实情。很多时候，企业并没有存在虚假申报的想法，但是却因为不重视其合规性而引发风险。因此，审计人员需要对企业税务申报合规性进行监督与分析。

（1）税法的遵守。审计人员需要确认企业是否正确计算并申报税款，包括所得税（企业、个人）、增值税及附加税费等。

（2）税收优惠政策的适用。企业是否合法利用了税收优惠政策，避免错误的税收减免。

3. 资金流动的监控

资金流动是大众熟知的风险领域，不只是审计人员，企业大部分员工都清楚资金流动的不合理会给企业带来多么大的风险。为了合理规避该领域的风险，审计人员需要对企业进行实时监控。

（1）现金流量的合理性。审计人员需要分析企业的现金流入和流出的情况，确认是否合理且与企业的经营活动是否符合。

（2）大额交易的审查。对于大额或异常的交易业务，审计人员需要特别关注，以防止洗钱或其他非法活动。

（3）资金使用的合规性。企业资金的使用是否符合相关法律法规和内部政策，例如对外投资、贷款等。

4. 内部控制的有效性

有效的内部控制可以帮助企业识别风险并加以防范和应对。如果内部控制体系出现疏漏，可能会给企业造成损失和危害。审计人员的职责就是规避风险，所以需要确保内部控制的有效性。

（1）内控系统的建立与执行。审计人员需要评估企业内部控制系统的有效性，包括内部控制、运营控制和合规控制。

（2）风险评估与管理。企业是否建立了有效的风险评估和管理体系，及时发现并应对潜在风险。

（3）内控缺陷的识别与改进。审计人员需要识别内部控制中的缺陷，并提出改进建议，帮助企业提升管理水平。

5. 信息技术系统的审计

为了保证财务信息安全和提高财务工作的效率，很多企业都会选择应用先进的信息技术系统，该系统提供便利的同时，也会带来一定的风险。为此，审计人员就需要对其进行定期的监察与完善。

（1）系统安全性。审计人员需要检查企业信息技术系统的安全性，防止数据泄露和未授权访问。

（2）数据完整性。确保企业信息系统中的数据准确无误，防止数据篡改或丢失。

（3）系统控制的有效性。评估企业信息系统的内部控制措施是否有效，包括访问控制、变更管理等。

6. 法律法规的遵循

法律风险是财税风险的一种，如果不能严格遵守法律法规的要求，就会给企业带来风险。因此，审计人员需要及时确定诸多业务是否遵循法律法规。

（1）行业特定法规。审计人员需要确认企业是否遵守了所在行业的特定法律法规。例如，金融行业《中华人民共和国反洗钱法》。

（2）企业是否遵守《中华人民共和国劳动法》与《中华人民共和国环境保护法》的规定，严查因违规而产生的法律风险。

7. 供应链与第三方管理

企业在经济市场中生存与发展，离不开与供应商和第三方的合作，我们必须清楚，这些合作伙伴在带给企业助力的同时，也可能伴随着风险。供应商和第三方的违规行为也有可能影响企业的声誉，或者造成经济损失。因此，审计人员还需要对供应链和第三方进行定期的监督。

（1）供应商的合规性。审计人员需要评估企业供应商的合规性，确保其遵守相关法律法规。

（2）第三方风险。企业是否对第三方服务商进行了有效的管理和监督，防止因第三方违规行为而带来风险。

三、确定审计重点与优先级

在某次年度财务报表审计中，某审计团队对一家企业的财务数据进行了深入分析。在初步审计阶段，审计人员注意到该企业的存货周转率异常高，与同行业其他公司相比，这一指标显得格外突出。存货周转率的异常可能意味着多种问题，比如存货的过度积累、销售数据的不准确，或是存货计价方法不当等。

为了验证存货管理是否存在缺陷，审计团队决定将存货盘点和存货计价作为审计工作的重点。他们首先审查了企业存货的会计政策和内部控制流程，以了解存货管理的制度基础。接着，审计团队制订详细的计划，包括对存货进行实地盘点，以及对存货的进出库记录、采购订单、销售发票等进行详细检查。

在实地盘点过程中，审计人员发现了不一致之处。例如，部分存货的物理数量与账面记录不符，或是存货的存放位置与记录的地点不一致。此外，审计人员还注意到，企业对于一些过时或损坏的存货并没有及时进行减值处理，这导致了存货价值被高估。

通过分析存货的进出记录，审计人员发现存货的进出记录与销售数据之间存在时间上的延迟，这可能是由于企业内部信息传递不畅或记录不及时造成的。此外，审计人员还发现存货计价方法在不同产品线之间存在不一致性，这影响了存货成本的准确计算。

最终，审计团队通过这些审计程序揭示了企业存货管理的不足之处，包括存货记录不准确、内部控制的薄弱环节，以及存货计价方法的不恰当应用。审计团队向企业管理层提出了多项改进建议，包括加强存货盘点的频率和准确性、改进内部控制流程、及时更新存货信息，以及采用更为一致和合理的存货计价方法。这些改进建议有效地帮助更改企业准确反映存货状况，提高财务报告的可靠性，并提升了整体的运营效率。

我们可以通过案例总结经验，企业在进行审计工作时，很关键的一个步骤就是确定审计的重点与优先级，这可以确保审计工作能够高效、有序地完成。在确定审计重点与优化级时，我们需要对企业的业务流程、财务状况等重要信息进行深入分析，以便识别潜在的风险点，从而制定有针对性的审计策略。

确定审计重点时通常需要关注企业的历史数据分析、行业标准比较等；确定审计优先级时则需要充分考虑风险的严重程度、影响范围与发生概率等。比如，如果我们发现一个可能导致重大经济损失或违反相关法规的风险点，就应该将其放在审计的首位。

当然，审计人员在确定审计重点与优先级时，还需要考虑到一个重要的制约因素——资源分配。企业能够提供的资源是有限的，如果审计人员不能合理分配现有资源，很有可能会导致低风险浪费资源、高风险资源不足。因此，在进行审计的过程中，我们也应该制订预见性的规划，保证能够在发现问题后明确资源的使用情况。

第二节　审计程序：明确审计流程与审计方法

做任何事情之前，为了保证能够顺利进行下去，我们要提前做好相关安排，尤其需要明确做事的步骤。因此，在进行审计工作之前，企业首先需要设计完善的审计程序。企业根据实际需求选择合适的审计方法，如图 6-2 所示。

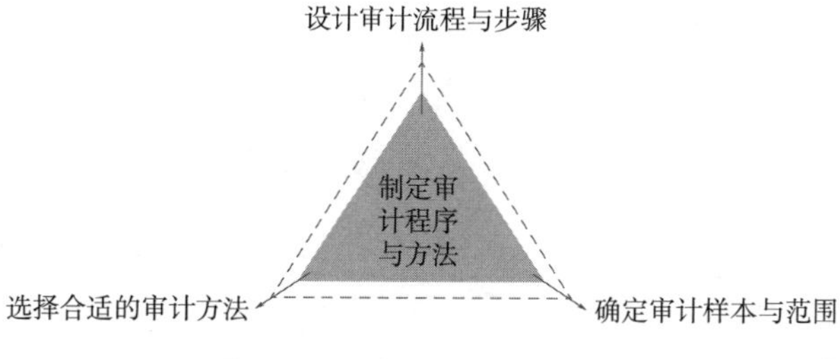

图 6-2　制定审计程序与方法

一、设计审计流程与步骤

2024 年，H 企业的管理层意识到需要加强内部管理，确保财税合规，以避免潜在的法律风险和经济损失。为此，该企业决定聘请一家专业的审计机构，按照审计流程完成工作，确保企业的财务报告真实、准确、完整，同时符合税法规定。

首先，审计机构与H企业进行深入沟通，旨在了解企业的业务特点、内部控制制度、财务状况等，利用这些信息制订详细的审计计划，包括审计目标、范围、方法、时间安排等。

其次，审计机构还对H企业的内部控制制度进行全面评估，在找出可能存在的薄弱环节后，提出改进建议。之后，H企业根据审计机构的建议，完善内部控制制度，降低财务风险。

再次，审计机构对H企业的财务报表、账簿、凭证等进行实地审计，目的是检查其真实性和合规性。在审计过程中，审计机构发现了一些会计处理不当和税务申报不准确的问题，及时向H企业反馈并提出解决方案。

从次，H企业根据审计机构的反馈，对存在的问题及时进行整改，包括调整会计处理方法、补缴欠税、完善税务申报等。在整改过程中，H企业与审计机构保持密切沟通，确保问题得到妥善解决。

最后，审计机构在完成实地审计和问题整改后，出具了审计报告，其中总结了审计发现的问题、整改情况及审计意见。H企业将审计报告提交给管理层和相关利益方，作为改进管理和决策的依据。

通过以上审计流程，H企业成功实现了财税合规，提高了财务报告的质量和透明度，降低了法律风险。同时，企业内部控制制度得到完善，提高了运营效率。此外，H企业与审计机构建立了长期合作关系，为未来的发展奠定了坚实的基础。

分析上述案例，我们可以发现企业按照准确的审计流程完成工作，不仅可以保证财税合规的效果，还可以提高整体的运营效率。一般情况下，审计流程包括制订审计计划、进行实地审计、开展问题整改和编制审计报告。

1. 制订审计计划

计划指导行为，在审计工作开始之前，一个详细的审计计划很是关键，包含审计目标、范围、方法、时间安排、资源分配等重要信息。另外，诸多审计人员如果有明确的计划指引，也可以降低他们的工作难度、提高他们的工作效率，所以审计计划中也应该明确审计人员的职责分工，保证每个员工清楚自己的任务与责任。

2. 进行实地审计

所有的准备与计划都是为了进行实地的工作，因此实地审计是整个审计过程中最实际的环节，它要求审计人员亲自对审计项目的财务记录、业务流程等信息进行详细的检查。为了更好地完成具体工作，审计人员需要熟练掌握并运用诸多的审计技术，比如，观察、询问、检查等，这些技术可以帮助他们获得准确全面的信息。

在进行实地审计时，审计人员应该保持“疑心”，需要对发现的异常情况进行多次的怀疑与深入了解，以此保证审计效果。同时，审计人员还应该与审计项目负责人员进行有效沟通，以便获得更多有用的信息，并确保审计工作的顺利进行。

3. 开展问题整改

在实地审计工作结束后，审计人员就可以获得一些重要的结论，他们可以将发现的问题及时反馈给项目负责人员，并提出有用的整改建议，帮助对方制订有效的整改计划，并落实整改措施。在整改完成后，审计人员的工作却并没有结束，他们还需要对后续的工作进行实时跟踪，旨在验证实际的整改效果，并确保审计建议被严格采纳，以此推动审计项目的良好成果。

4. 编制审计报告

审计报告可以展示审计工作的最终成果，合格的审计报告可以全面、客观地反映审计的详细过程和关键信息。比如，审计发现的问题、问题阐述的原因、针对问题的策略等。企业的管理者和决策者承担着制定最终决策的作用，他们往往没有过多的精力去参与详细的审计过程，那么审计报告就可以直接向对方展示关键信息，并成为他们制定决策的有力依据。

二、选择合适的审计方法

在进行审计工作时，审计方法的选择也会影响审计的效果，所以企业需要根据审计目标、审计项目的性质等因素选择合适的审计方法。企业审计常用的审计方法有详细审计法、抽样审计法、分析性复核法、内部控制测试法、计算机辅助审计技术等。

1. 详细审计法

详细审计法是比较传统的一种审计方法，采用此方式后，审计人员需要对企业的财务记录进行详细的检查，旨在保证所有数据的准确性和合规性。这种方式的弊端也比较明显，它一般需要消耗过多的时长，适用的场景不多。

例如，某小型企业的内部控制制度不健全，财务记录混乱。审计人员对该企业进行详细审计，逐笔核对销售记录和现金流水，最终发现多笔收入未入账，纠正了财务报表错误的数据。

2. 抽样审计法

抽样审计法就是将抽样法应用到审计工作中，审计人员可以选择部门样本进行审计，以此来推断审计项目整体的财务状况。这种方法的使用频率很高，但是必须进行科学取样，将其应用到先进的抽样与分析技术上，从而保证审计效果。该审计方法适用于大规模的审计项目，可以缩短审计时间并提高审计效率。

例如，某大型企业审计人员采用统计抽样方法，从数万笔销售记录中抽取部分样本进行审查，发现部分销售记录存在虚增收入的问题，从而对总体财务报表的真实性和公允性质疑。

3. 分析性复核法

分析性复核法需要审计人员对财务数据之间的关系与趋势进行分析，以此识别可能存在的异常或错误。这种方式比较依赖逻辑，审计人员需要合理评估相关数据的逻辑性和合理性，但仅保证数字准确是不够的。应用分析性复核法能及时发现潜在的风险点，指导后续的审计工作。

例如，某上市公司的审计人员通过分析其财务比率和行业数据，发现其存货周转率远低于同行业平均水平。经进一步审计发现，该公司有大量积压的过时存货，导致财务报表存在重大错报。

4. 内部控制测试法

内部控制测试法通常被用来评估企业内部控制体系的有效性，审计人员应用该方法后，可以判断企业是否可以有效发现和防范财务报告中的问题和错误。帮助审计人员了解企业的风险状况和控制环节，能够为后续的审计工作提供诸多重要信息。

例如，某银行审计人员对其贷款审批流程进行内部控制测试，发现存在审批权限不明确、审批记录不完整等问题。据此，审计人员调整了实质性测试的重点，最终发现多笔违规贷款，揭示了内部控制的缺陷。

5. 计算机辅助审计技术

计算机辅助审计技术是一种利用计算机软件和工具来实现审计的

方法，它在近些年被越来越多的企业应用。该项技术可以快速准确地处理大量数据，同时还能够执行复杂的分析工作，极大地提高审计人员的工作效率。

例如，某企业审计人员利用计算机辅助审计工具对其交易数据进行分析，发现部分交易存在异常模式，进一步调查发现该公司存在违法刷单行为，虚增销售收入。

三、确定审计样本与范围

在企业审计工作中，很重要的一个步骤就是确定审计样本和范围，正确确定审计样本可以提高审计的效率；精准确定审计范围则可以保证审计的效果。关于如何确定审计样本和范围，以下是相关说明。

1. 理解审计目标和要求

审计目标和审计要求在一定程度上决定了审计的样本和范围，想要理解审计目标与要求，审计人员一般需要深入理解企业的业务特点、内部控制环境、财务报告框架等内容。同时，审计目标可能包括对企业财务报表的真实性进行验证，从而评估内部控制的有效性。

2. 评估内部控制

为了不让此前工作白费，审计人员需要重视对内部控制的评估。审计人员应该对企业内部控制体系的设计与实施情况进行深入理解，旨在识别其中可能存在的缺陷，以此确定审计的重点领域。

例如，如果审计人员发现企业在现金管理上的内部控制力度较低，就可以在现金交易的项目上增加审计样本数量，以此来获取更多重要的信息，保证企业现金交易方面的真实性和合规性。

3. 提前风险评估

在审计工作开始之前，审计人员应该对风险领域作出准确的判断，选择需要审计的领域十分关键。此时，需要进行合理的风险评估。在筛选已经存在或可能存在风险的领域后，审计人员在相关的项目中选择适量的审计样本。

比如，审计人员在风险评估阶段发现企业的应收账款存在较高的错报风险，那么他们就可以对应收账款进行审计取样，适当的时候也可以增加取样数量，在采取严格的审计措施后帮助企业及时发现并处理相应的风险。

4. 审计方法的选择

在前面的内容中我们有介绍了不少的审计方法，那么审计人员在何种情形选择何种审计方法最合适呢？事实上，在确定审计样本和范围过程中进行选择最为适宜，因为他们可以结合既定的样本数量和抽取范围选择最合适的审计方法。

比如，涉及的数据较少的财务项目，审计人员可以选择详细审计法；对于大规模的审计项目，审计人员可以选择抽样审计法；如果觉得依靠人力会耽误进度，审计人员还可以选择计算机辅助技术。

5. 样本量的确定

既然要确定样本，那么关于样本的所有维度信息，审计人员都应该提前进行规划与安排，其中，样本量的确定就是很关键的一环。审计样本量的大小对审计工作的效率与效果都有很大的影响。如果选择的样本量过多，可能会增加审计人员的工作量，从而会影响其工作效率；如果选择的样本量过少，不能准确反映审计结果，进而会影响审计工作的效果。

在确定样本数量时，风险评估结果、内部控制结果、审计方法等都是审计人员需要考虑的因素。通常来说，风险越高的项目，内部控制越薄弱，审计人员需要的样本量就会越大。为了保证样本量的合理性，审计人员可以运用统计学原理和经验公式，确保审计工作的正确性。

6. 样本的选择

在样本量得到确定后，审计人员就需要思考选择什么样的审计样本最合适，他们应该选择具有代表性的样本，这样才可以通过样本反映总体的特征。为了保证所选样本的典型性，审计人员就可以根据具体的情况，有针对性地选择一些特定的业务或者项目进行审计，以此确保获得真实、可靠的审计信息。

第三节　审计报告：审计底稿编制与报告撰写

审计工作底稿是审计人员在工作过程中的详细记录，可以成为其后续复盘的关键文件；审计报告则可以向管理者、决策者等展示审计的最终结果，方便对方作出正确的决策。两者在审计过程中发挥着总结和延续的作用，审计人员应该给予足够的重视，如图 6-3 所示。

图 6-3　审计底稿编制与报告撰写

一、编制审计工作底稿

审计工作底稿是审计人员在审计过程中记录审计活动、收集审计证据、分析审计问题、形成审计结论的书面文件。审计工作底稿中的诸多内容都可以作为审计报告的信息基础，也被认为是审计质量控制的重要环节。审计人员在编制审计工作底稿时，一般可以遵循以下步骤。

1. 制订审计计划

就审计工作而言，我们全程都在强调审计计划的重要性，在编制审计工作底稿过程中，审计计划同样重要。审计人员需要在编制审计工作底稿之前制订详细的审计计划，审计目标、审计范围、审计方法等存在于审计计划中的关键信息通常也会记录在审计工作底稿中。

2. 收集和整理审计证据

审计工作讲究细节，很多内容如果不加以记录可能会被忽略或遗忘，审计人员可以通过询问、观察、检查等方式来收集详细的审计证据，其一般包括财务报表、会议记录、合同协议等。对于已经收集到的审计证据，审计人员在筛选并确定真实性后就应该按照一定的逻辑顺序进行整理，便于后续的分析和使用。

3. 记录审计过程和发现

在审计过程中，审计人员需要对审计程序的执行情况、审计发现的问题实情、与审计项目负责人的沟通情况等信息写出详细的记录。这些记录可以清晰地反映审计人员的工作全过程，同时也是审计工作底稿的主要内容。

4. 分析审计结果

审计人员不仅需要对审计项目的结果进行分析，还需对审计结果进行分析。如果审计结果存在问题或错误，不仅会影响审计效果，还有可能会影响审计项目的进展。针对已有的审计结果，审计人员需要判断其真实性、准确性、完整性，同时也需要将分析结果记录在审计工作底稿中。

5. 形成审计结论

在审计证据完整、审计结果准确的基础上，审计人员形成比较准确的初步审计结论，这些结论需要明确指出审计项目的详细问题，包括问题出现在哪些方面、采取哪些处理措施等。审计工作底稿中的审计结论通常会被展示在企业高层管理者和决策者面前，为其制定相关决策提供有效的信息支持。

二、汇总审计发现的问题

在审计工作底稿编制完成后，审计团队通过相关的信息总结审计过程中发现的问题，并将其进行分类。在该环节中，审计人员的工作主要包括按照问题的性质进行分类、评估问题的严重性和汇总问题的影响。

1. 按问题的性质分类

审计人员需要将发现的问题按照性质进行分类，如会计处理错误、内部控制缺陷、税务合规问题等，这样做有助于审计团队更清晰地识别问题的根源和影响范围。

例如，在对一家企业进行审计时，审计团队可能发现存货的计价方法不符合会计准则，这属于会计处理错误；同时，还可能发现仓库的出入库记录与财务记录不一致，这表明内部控制存在缺陷。

2. 评估问题的严重性

审计人员需要对发现的每一个问题进行严重性评估，在判断其影响程度的同时适当划分优先级，得出的评估结果作为确定审计报告中问题披露顺序和重要性的参考。

例如，如果存货计价错误导致的财务报表影响金额较小，可能被评估为一般性问题；但如果内部控制缺陷导致了重大资产损失，那么这个问题就需要被标记为重大问题，并在审计报告中优先披露。

3. 汇总问题的影响

审计人员需要计算并汇总每个问题对财务报告的具体影响，按照影响程度进行优先级排序后提交至高层管理处，让其理解不同问题可能在哪些方面对企业造成影响。

例如，存货计价错误可能导致存货价值被高估，进而影响利润表中的成本计算和资产负债表中的资产总额；而内部控制缺陷可能导致未来财务报告的不准确，影响投资者和债权人的信心。

某审计团队在对一家零售企业进行年度审计时，发现以下问题：

（1）会计处理错误。企业在计算存货跌价准备时，未按照最新的市场信息进行调整，导致存货价值被高估。

（2）内部控制缺陷。销售部门与仓库部门之间的信息沟通不畅，导致销售数据与库存记录不一致，存在差异。

（3）税务合规问题。企业在计算应纳税所得额时，未正确扣除某些允许的费用，导致税款计算错误。

审计团队将这些问题按照性质分类，并对每个问题进行严重性评估。例如，存货跌价准备的错误可能对利润表和资产负债表产生较大影响，因此被评估为重大问题；内部控制缺陷虽然影响了数据的准确性，但未直接导致财务报表的重大错报，因此被评估为一般性问题；税务合规问题则需要根据错误缴纳税款的金额和企业补救措施评估其严重性。

最后，审计团队将计算每个问题对财务报表的具体影响金额，并在审计报告中详细说明这些问题及其影响，以便被审计单位采取相应的措施改正。例如，存货跌价准备的错误可能导致企业需要调整存货价值和利润，而内部控制缺陷则需要企业改进信息沟通机制，税务合规问题则需要企业调整税务申报策略，并申请退税或调整未来的税款预缴。

通过这些措施的快速落实，该零售企业有效地改善了财务报告的质量，同时还增强了投资者和债权人的信心。

三、撰写审计报告与建议

审计报告可以充分展示审计工作的最终成果，它可以向企业和相关利益方传达审计结果和有效建议，对企业的整体运营有着不小的影响。撰写合格的审计报告是对审计人员最基本的要求，可以按照以下步骤进行撰写。

1. 确定审计报告结构

明确审计报告的结构，可以让审计人员更加清楚需要撰写的内容，从而防止出现信息遗漏的情况。审计报告通常包括以下几个部分。

（1）封面。包含审计报告的标题、被审计单位的名称、财务报表涵盖的期间、审计报告的日期等信息。

（2）引言段。说明审计报告的目的，即对财务报表发表意见。

（3）管理层对财务报表的责任段。强调企业管理层负责编制财务报表，并确保其真实、完整。

（4）审计师的责任段。说明审计师的责任是根据审计准则对财务报表进行审计，并发表意见。

（5）审计意见段。这是审计报告的核心部分，审计师在此段落中表达对财务报表的意见。审计意见通常有以下几种类型。

无保留意见。审计师认为财务报表公正地反映了企业的财务状况、经营成果和现金流量。

保留意见。存在某些限制或例外情况，但不影响整体的公正性。

否定意见。财务报表未能公正地反映企业的财务状况、经营成果和现金流量。

无法表示意见。由于某些限制，审计师无法对财务报表发表意见。

（6）其他信息段。可能包含对特定事项的说明，例如，持续经营能力的不确定性、会计政策变更、重要估计等。

（7）审计师签名和审计机构名称。审计报告的最后需要有审计师的签名和审计机构的名称。

2. 撰写审计发现

审计人员需要在审计报告中详细地描述审计过程发现的问题。比如，问题的性质、原因、影响等，这些都可以成为后续决策的重要参考信息。在此过程中，审计人员的描述语言应该简洁、客观、准确，不能够使用模糊不清或带有偏见的语言。

3. 提出审计意见

审计人员的工作任务不仅仅是发现问题这么简单，他们还需要根据问题提出明确的审计意见，方便企业决策者更快地制定准确的改进措施。审计人员的意见应该是精确有效的，这就要求对方既要有丰富的知识储备，又要基于审计信息的真实性、合法性和公允性发表意见。

4. 审核和修改审计报告

审计报告需要经过多次修改和完善确定。在完成初稿后，审计团队应该对其进行仔细的浏览与分析，保证内容的准确性和完整性。在必要的时候，可以与审计项目负责人进行良好的沟通，保证数据与信息的真实性。

5. 提交审计报告

在审计团队确定审计报告的准确性与完整性后，将该报告提交至企业的高层管理者。一般情况下，审计报告以书面形式提交。如果企业或审计团队想要进行长期的保存，也可以选择留存电子版文件。

第四节　后续沟通：与管理层进行沟通与协调

审计人员在提交审计报告后，基本的审计工作已经告一段落，但是还需要完成后续与管理层的沟通与协调工作。为了能够提高双方的沟通效率与协调效果，审计团队通常需要与企业管理层组织会议，旨在共同讨论审计发现的问题，同时听取管理层的反馈与意见，如图 6-4 所示。

图 6-4　与管理层沟通与协调

一、安排审计见面会议

我们需要确定会议的时间、地点和参与人员。时间的选择应考虑到所有关键人员，尽量避免与重要业务活动冲突。地点的选择应便于所有参与人员到达，同时保证会议的私密性和安全性。参与人员应包括审计团队成员、企业的管理层及相关部门的负责人。

接下来，我们就需要准备会议议程。议程应详细列出会议的主要讨论点，包括审计目的、范围、方法和预期成果等。此外，还应包括对审计过程中可能遇到的问题和应对策略。

在会议召开前，我们提前将会议通知和相关材料发送给所有参与人员，以便他们有足够的时间进行准备。会议通知应包括会议的具体时间、地点、参与人员名单及会议议程。相关材料则应包括审计计划、审计问卷、以往的审计报告等，以便参与人员对审计工作有更深入的了解。

在会议召开时，我们应该安排专业的主持人，其需要确保会议按照预定议程进行，同时鼓励所有参与人员积极参与讨论。会议结束后，应该安排专门的人员整理会议纪要，包括会议的主要讨论内容、达成的共识和后续行动计划等，并分发给所有参与人员，以便他们了解会议成果并执行后续工作。

二、通报审计发现的问题

在审计过程中，审计团队会发现各种问题和不足之处。通报审计发现的问题让企业了解审计结果，以便采取相应的改进措施。

在通报审计发现的问题时，审计团队应遵循客观、公正、透明的原则，确保所提出的问题准确无误。首先，审计团队需要对审计过程中收集到的数据和信息进行整理和分析，找出存在的问题和不足之处。其次，将这些问题按照性质和严重程度进行分类，并准备相应的证据和具体的案例。与此同时，审计团队还应该采用清晰、简洁的语言，避免使用过于专业或复杂的术语。同时，审计人员需要提供具体的例子和数据支持，以便企业管理者更好地理解。在通报过程中，审计团队需要鼓励管理者提出疑问和反馈，以便双方进行充分的沟通和交流。同时，应尊重企业管理者的意见和建议，共同探讨解决问题的最佳方案。

最后，审计团队也需要将审计发现的通报结果整理成书面报告，包括问题描述、证据、改进建议，以及后续行动计划等。报告应分发给所有参与人员，并在适当的情况下进行公开披露，以提高审计工作的透明度和公信力。

三、听取管理层反馈意见

在审计过程中，审计人员必须听取企业管理者的反馈意见，这不仅有助于审计团队更好地了解企业的业务运作和管理情况，还可以促进双方的沟通与合作，提高审计工作的效率和质量。

在听取管理层反馈意见时，审计团队应该首先明确沟通的目的和重点。这包括了解管理层对审计工作的期望、关注的问题及对审计结果的看法等。明确沟通目的后，审计团队应制订详细的沟通计划，包括沟通方式、时间、地点和参与人员等。

在实际沟通中，审计团队应该保持积极、开放的态度，鼓励管理层提出问题和建议。同时，也要认真倾听管理层的意见，尊重他们的观点和立场。在听取意见时，审计团队应做好记录，以便后续分析和整理。

针对企业管理层提出的问题和疑虑，审计团队应该进行合理的解答与解释，这包括对审计方法、过程和结果的详细说明，以及对改进建议的探讨。在解答问题时，审计团队也需要尽量使用简单易懂的语言，避免使用过于专业或复杂的术语。

此外，审计团队还应关注管理层对审计工作的反馈，了解他们对审计结果的满意度及改进措施的看法。这有助于审计团队评估审计工作的效果，及时调整审计计划和方法。

在沟通结束后，审计团队理应整理管理层的反馈意见，并将其纳入审计报告中。

第五节　财务报表审计：透过数据揭示问题

财务报表的审计与分析是企业财务管理中非常重要的环节，其核心目标是确保财务数据的真实性、准确性和完整性，为企业的决策提供有力支持。审计工作主要包括对财务报表的数据核对、业务流程的检查及内控制度的评估，确保报表符合会计准则和法律法规的要求。

一、财务报表的审计

在对财务报表进行审计时，一定要保证准确性和真实性。为了能够通过审计总结有效的信息，我们需要清楚财务报表的要点。此时，企业一般要求审计人员关注审计项目的基本流程、主要内容和注意事项，旨在对财务报表进行全面细致的审计。

1. 审计财务报表的基本流程

审计财务报表是一个比较系统的过程，进行此项工作的目的是深入了解并掌握企业的财务状况、经营成果和现金流量。因审计工作的复杂性，以及结束后需要进行复盘等原因，审计团队就应该按照流程开展工作。

(1) 接受委托。审计工作的难度较高，需要交给专业的团队来完成，此时，企业应选择委托给合适的人。拥有内部审计部门的企业可以交由员工来完成，而缺乏专业团队的企业则可以选择委托审计机构或审计师来完成相关工作。

如果选择将审计财务报表的工作委托给企业之外的审计机构或审计师，我们需要在工作之前签订约定书。企业与审计机构双方签订的审计业务约定书，应该明确审计的范围、责任、费用等内容，保证合作关系的融洽和谐。

(2) 制订审计计划。在接受委托后，负责审计财务报表的团队与员工为后续的工作做准备。首先要做的就是制订详细的审计计划，其内容包括审计程序、审计方法、审计时间安排、审计资源分配等。审计计划存在的意义在于不管审计人员的工作进行到哪个环节，都可以为其提供指引和帮助，以免工作出现停滞而影响审计效率。

(3) 了解和评估内部控制。审计人员还要了解企业的内部控制并对其进行评估，旨在明确内部控制体系的有效性，使其可以一直确保财务报表的准确性与真实性。当审计团队充分了解和正确评估内部控制情况后，就可以明确审计工作的重点和范围，这有利于其节省时间与精力，从而提高审计工作的效果与效率。

（4）实施审计程序。在正式进入审计工作状态后，审计人员就需要按照审计计划执行一系列的审计程序。在审计财务报表时，审计人员需要负责的工作很多，为了保证每一项工作都能够取得成果，可以将其划分为多个单元业务。每项业务会有对应的审计程序，包括但不限于：

①分析性程序。对财务数据进行分析，以识别异常或不一致之处。

②实质性测试。对财务报表中的具体项目进行详细检查，包括但不限于应收账款、存货、固定资产等。

③交易测试。检查交易的完整性和准确性，确保所有交易都已适当记录。

④余额测试。对账户余额进行抽样测试，以验证其真实性和准确性。

⑤审查会计估计和披露。确保会计估计的合理性及财务报表披露的充分性。

（5）评估审计证据。审计人员还需要收集和评估审计证据，以此来明确财务报表是否准确、真实地反映了企业的财务状况、经营情况和现金流量。在收集和评估审计证据的过程中，审计人员可以灵活采用多种方法，如观察、询问、检查和重新执行等。这些方法可以帮助审计人员获取充分、适当的证据，以支持其对财务报表的意见。

（6）形成审计意见。在收集到的审计证据基础之上，审计人员需要结合自身认知形成准确的审计意见。

（7）编制审计报告。在审计财务报表的过程中，审计人员会对财务信息、发现问题、审计意见等信息进行记录，通过对这些信息进行整合和总结，审计人员编制审计报告。该报告是向企业管理者和决策者展示审计效果的关键，审计报告的质量代表着审计团队与审计人员的能力，可能会影响其审计评价。

（8）发布审计报告。很多人可能会认为，审计财务报表的目的是让企业高层了解实际的财务状况、运营情况等，在审计报告提交至企业高层后就可以宣告审计工作结束。事实上，这样的认知不能算是完全对，因为多数企业都会与利益相关者之间保持合作关系，所以在必要的情况下，审计报告需要对外公开发布。

（9）后续事项。审计工作也包含“售后服务”，在实际审计工作结束后，审计人员还需要关注企业高层或利益相关者对审计报告中内容的疑问与意见，以便及时作出解释与改进。另外，审计工作在企业内部与其他工作有所关联，那么实际的审计效果也可能受到其他项目的影响，因此审计人员还需要持续关注。

2. 审计财务报表的注意事项

在审计财务报表的过程中，审计团队与人员需要注意多个方面以确保审计质量，主要体现在审计团队的独立性、审计人员的专业性、审计工作的合法性、审计报告的及时性。

（1）审计团队保持独立性。在进行财务报表审计时，审计团队必须保持其独立性，以便保证审计结果的客观与公正。独立性意味着审计团队在执行职责时不会也不能受到被审计项目相关人员的影响，包括经济利益、管理决策及个人关系等方面。

（2）审计人员保证专业性。审计人员应该具备扎实的会计、审计知识和技能，同时也要持续更新专业知识。此外，审计人员还应该具备良好的职业判断能力，能够准确识别和评估财务报表中的风险点，从而提出恰当的审计意见。

（3）审计工作讲究合法性。合法性要求审计人员在执行审计程序时，必须遵循会计准则、审计准则及相关法律法规的规定。这一要求不仅存在于财务报表的审计期间，还贯穿在内部控制系统的评估过程。审计人员必须确保所有审计活动都在法律允许的范围内进行，以避免可能的法律风险。

（4）审计报告关注及时性。审计报告如果不能保证及时性，不仅会耽误企业管理者的决策进度，还有可能给利益相关者留下不好的印象。及时的审计报告可以帮助企业与利益相关者及时了解财务状况与经营情况，从而可以在实际情况下制定合理的决策。

二、财务报表分析：剖析数据背后的信息

分析财务报表的信息，可以深入了解企业的财务状况和运营情况，之后便可以明确财税合规实情。然而，在进行财务报表分析时，我们首先需要掌握基本的分析方法，比如，基本分析法、比率分析法、趋势分析法、现金流量分析法等，如图 6-5 所示。

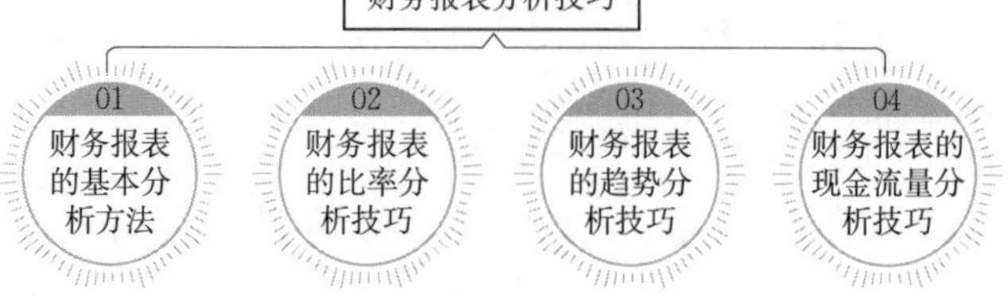

图 6-5　财务报表分析技巧

1. 财务报表的基本分析方法

财务报表的基本分析方法主要包括水平分析和垂直分析。水平分析关注的是财务报表中各项数据随时间的变化趋势，而垂直分析则关

注的是财务报表中各项数据在总体中的占比情况。

假设某公司 2022 年的营业收入为 1 000 万元，2023 年为 1 200 万元，2024 年为 1 500 万元。通过水平分析，我们可以看出该公司营业收入逐年增长，增长率为 20%和 25%。通过垂直分析，我们可以计算营业收入在总资产中的占比，从而了解公司的盈利能力和资产利用效率。

2. 财务报表的比率分析技巧

财务报表的比率分析技巧主要是通过计算和比较各种财务比率来评估企业的偿债能力、运营能力、盈利能力和发展能力等。常见的财务比率包括流动比率、速动比率、资产负债率、净资产收益率等。

假设某公司 2024 年的流动资产为 500 万元，流动负债为 300 万元，存货为 100 万元，总资产为 1 000 万元，总负债为 500 万元，净利润为 100 万元。通过计算，我们可以得到以下比率：流动比率为 1.67（流动资产÷流动负债），速动比率为 1.33［（流动资产－存货）÷流动负债］，资产负债率为 50%（总负债÷总资产），净资产收益率为 20%［净利润÷（总资产－总负债）］。这些比率可以帮助我们评估该公司的财务状况和经营成果。

3. 财务报表的趋势分析技巧

财务报表的趋势分析技巧主要是通过对比连续几年的财务数据，观察企业各项财务指标的变化趋势，从而预测企业未来的发展情况。趋势分析通常采用图形化的方式，如折线图、柱状图等，以便更直观地展示数据变化。

假设某公司 2021 年至 2024 年的营业收入分别为 800 万元、900 万元、1 000 万元和 1 200 万元。通过绘制折线图，我们可以清晰地看到该公司营业收入逐年上升的趋势，从而预测其未来可能继续保持增长。

4. 财务报表的现金流量分析技巧

财务报表的现金流量分析技巧主要是通过分析现金流量表来评估企业的现金流入和流出情况，了解企业的现金创造能力和现金使用效率。现金流量表通常分为经营活动、投资活动和筹资活动三个部分。

假设某公司 2024 年的经营活动现金流量净额为 300 万元，投资活动现金流量净额为－200 万元，筹资活动现金流量净额为－100 万元。通过分析，我们可以看出该公司主要依靠经营活动产生现金，投资活动和筹资活动均导致现金流出。这表明该公司具有较强的自我造血能力，但也要注意投资和筹资活动对现金流的影响。

三、问题解答：识别财务报表问题并改善

无论对财务报表进行审计，还是掌握财务报表分析技巧，我们最终的目的都是为了发现财务报表中的问题，并制定相应的处理策略。因此，为了将财税合规落实到位，企业按照发现问题、分析问题、提出建议和制定策略的流程来改善财务报表的质量，如图 6-6 所示。

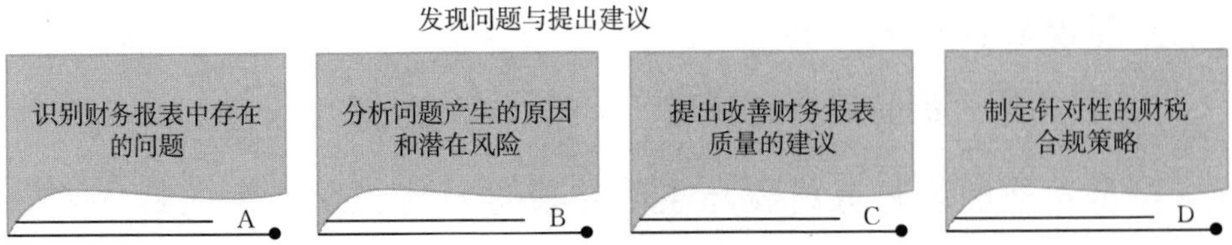

图 6-6　发现问题与提出建议

1. 识别财务报表中存在的问题

解决问题的第一步是发现问题，我们想要利用财务报表改善企业难以贯彻财税合规的困境，就要对财务报表进行细致的了解与分析，旨在从中发现问题。在意识到识别财务报表中存在问题的重要性后，如何进行准确、科学的识别，就成为现阶段需要回答的问题。

为了准确识别财务报表中存在的问题，我们需要采取合适的方法。比如，对比分析、趋势分析、比率分析等，这些方法的使用场景不同，企业可以根据实际情况进行选择，以保证识别方法与企业需求的适配性。

下面，我们可以对不同识别方法的具体内容与使用场景展开分析。

(1) 对比分析是指企业通过比较不同数据集、时间段或对象之间的差异来识别问题和机会的方法。应用这种识别方法，我们了解某个指标在不同条件下的表现，进而改进后续工作。对比分析法不仅可以应用于财务报表的分析，还适用于市场调研。

例如，通过对比分析，某企业发现本年第二季度的销售额比上一年同期下降了10%。进一步分析发现，主要原因是竞争对手在同一时间段推出了新的营销活动，吸引了大量潜在客户。该企业便可以据此调整自己的营销策略，以应对竞争压力。

(2) 趋势分析是指企业通过观察数据的变化趋势，以此预测未来的发展方向。因为数据变化大多跟随时间变化，所以该方法一般用于时间序列数据，比如，股票市场分析、销售数据预测等。

例如，某企业通过分析过去五年的季度销售数据，发现销售额呈现逐年上升的趋势，且每个季度的增长率大致相同。基于这一趋势，该企业预测下一年度的销售额将继续以相似的速度增长，并据此制订生产计划和市场营销策略。

(3) 比率分析是指企业计算和比较不同财务指标之间的比率，以此来评估自身的财务状况和运营效率。其中提及的比率一般有流动比率（衡量企业短期偿债能力的一个财务指标）、速动比率（衡量企业在没有出售存货的情况下，用现有流动资产偿还短期债务的能力）、资产负债率（衡量企业通过监控或债务融资资产）等。该方法一般适用于财务健康评估、盈利能力分析等。

例如，某企业在对财务状况进行评估时，首先计算流动比率，结果为2.5，高于行业平均值2，这揭示了企业具备显著的短期偿债能力。进一步深入分析速动比率，得出速动比率为1.8，略低于行业平均值2，这暗示了在排除存货因素后，企业的短期偿债能力略显不足。

2. 分析问题产生的原因和潜在风险

在分析财务报表时，我们不仅要关注报表上的数字，还要深入探究这些数字背后的原因和可能带来的潜在风险。以下是一些常见的财务报表潜在风险。

（1）应收账款增加。

问题：如果财务报表显示应收账款持续增加，这可能表明公司的收款效率下降。

原因：可能是因为公司放宽了信用政策，或者市场竞争加剧导致客户延期付款。

风险：应收账款的增加可能导致坏账损失增加，影响公司的现金流和盈利能力。

（2）存货水平过高。

问题：存货水平过高可能导致资金占用过多，影响公司的资金周转。

原因：可能是销售预测不准确，导致生产产品过多或采购物资过多。

风险：存货积压可能发生存货减值，增加公司的运营成本，甚至可能导致存货过时或损坏。

（3）负债水平过高。

问题：高负债水平表明公司过度依赖债务融资，增加了财务风险。

原因：公司可能为了扩大规模或进行并购而大量举债。

风险：高负债可能导致利息支出增加，降低公司的盈利能力。在市场环境恶化时，高负债公司面临偿债压力大，甚至有破产的风险。

（4）利润波动较大。

问题：利润波动较大表明公司的盈利能力不稳定。

原因：可能是由于公司业务季节性强，或者受市场波动影响较大。

风险：利润波动可能导致公司股价波动，影响投资者信心。此外，利润不稳定可能影响公司的融资能力，增加经营风险。

（5）现金流量不足。

问题：现金流量不足可能导致公司无法按时偿还债务，影响日常运营。

原因：可能是因公司收款效率低，或者投资支出过大。

风险：现金流量不足可能导致公司面临流动性风险，甚至导致破产。

3. 提出改善财务报表质量的建议

具体问题具体解决，我们可以就上面提到的出现频率较高的问题进行分析，并给出可行性建议，企业在此基础上制定相应的改善措施。

（1）加强应收账款管理。

建议：公司应优化信用政策，加强应收账款的回收工作，提高收款效率。

措施：建立严格的信用评估体系，对客户信用进行定期审查；加强与客户的沟通，缩短账款回收周期；对逾期账款采取有效措施，减少坏账损失。

（2）优化存货管理。

建议：公司应改进存货管理，减少资金占用，提高资金周转效率。

措施：采用科学的销售预测方法，合理安排生产和采购计划；定期进行存货盘点，及时处理积压存货；对过时或损坏的存货进行减值处理，避免进一步损失。

（3）控制负债水平。

建议：公司应合理安排融资结构，降低财务风险。

措施：优化资本结构，减少对债务融资的依赖；在并购和扩张时，审慎评估财务负担，避免过度举债；积极寻求股权融资等其他融资方式，降低财务杠杆。

（4）稳定利润波动。

建议：公司应采取措施稳定利润，提高盈利能力的持续性。

措施：多元化业务，降低季节性和市场波动的影响；加强成本控制，提高运营效率；建立风险预警机制，及时应对市场变化。

（5）改善现金流管理。

建议：公司应加强现金流量管理，确保充足的流动性。

措施：提高收款效率，缩短账款回收周期；合理安排投资支出，避免过度投资；建立现金储备，应对突发事件；加强现金流预测，确保资金链稳定。

4. 制定针对性的财税合规策略

财务报表的质量得到提升后，企业就可以通过制定合适的策略实现财务合规。比如，我们可以强化税务规划、提高财务报告透明度、加强内部控制、提升财务人员专业能力等。

（1）强化税务规划。我们应该合理利用税收政策进行有效的税务规划。为此，企业可以尝试采取以下措施：首先，聘请专业税务顾问，在其指导下进行合规的税务处理；其次，对各项业务进行深入的税负分析，以便于发现可享受的优惠政策；最后，及时关注税法的变化，快速调整税务相关策略。

（2）提高财务报告透明度。我们需要加强财务报告的透明度，确保信息真实、准确、完整。为此，企业可以采取以下措施：首先，建立完善的内部控制体系，可以有效规范财务报告流程；其次，定期进行内部审计，便于及时发现并纠正存在的问题；最后，在对外披露财务信息时，确保符合相关法规和标准。

（3）加强内部控制。我们想要防范财务风险带来的负面影响，就应该加强内部控制。为此，企业可以选择采取以下措施：首先，建立完善的内部控制系统，确保职责明确分工，以减少管理漏洞。其次，定期进行风险评估，以便及时发现潜在风险并采取相应措施。最后，加强员工培训，提高他们的风险意识和合规意识，确保他们能够遵守公司政策和法规要求。

（4）提升财务人员专业能力。我们还应该提高财务人员的专业能力，能够保证他们更好地应对诸多挑战。为此，企业可以应用以下措施：首先，定期对财务人员进行培训，帮助他们丰富专业知识和实操技能；其次，支持财务人员参加资格认证考试，提升员工自信的同时推动问题处理进度；最后，鼓励员工之间互相学习，既可以提高员工能力，又能够营造良好的氛围。

第六节　审计计划：项目规划与时间安排

身为审计工作的主要负责人，审计主管一般不需要参与基础的审计工作，但是其需要承担起更多的职责与责任。其中，审计项目的计划与安排是关键的任务。审计项目的合理计划与安排，可以确保审计团队工作的有序性和有效性，如图 6-7 所示。

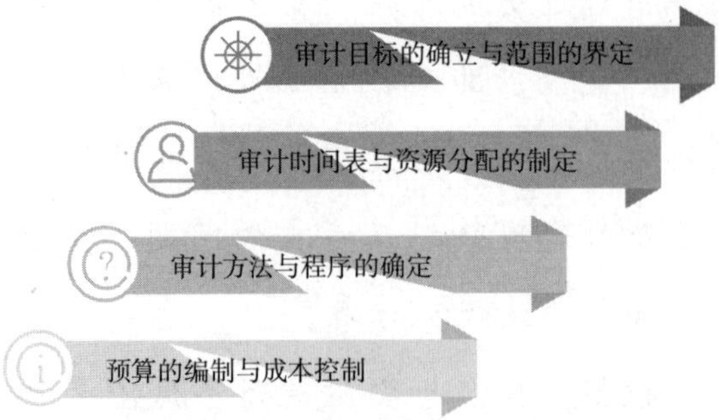

图 6-7　审计项目的计划与安排

一、审计目标的确立与范围的界定

1. 审计目标的确立

审计目标的确立是审计工作的核心，它不仅指导审计活动的开展，而且是评价审计效果的基准。以某企业为例，审计目标可能包括以下几个方面。

（1）评估财务报告的准确性。确保企业发布的财务报告真实、准确地反映了公司的财务状况和经营成果。例如，审计团队需要检查财务报表中的收入、成本、利润等关键指标是否与实际交易和记录相符。

（2）检查内部控制的有效性。内部控制系统的健全性和执行力度直接关系企业运营的风险水平。审计团队将评估内部控制流程是否能够有效预防和发现错误或舞弊行为，以及这些流程是否得到了恰当的执行。

（3）确保合规性。企业必须遵守相关法律法规和行业标准。审计团队将检查企业是否遵循了税法、劳动法、环境保护法等相关法律，并评估合规风险。

2. 审计范围

在明确审计目标后，审计主管需要界定审计范围。就该企业而言，其审计范围的界定如下。

（1）审计对象。审计团队将关注企业的财务报表，同时深入检查与生产成本、库存管理、应收账款等相关的业务流程。特定部门如财务部、采购部和销售部将是审计的重点。

（2）审计内容。审计内容将包括对财务数据真实性的验证。例如，通过抽样检查原始凭证、合同和交易记录来确认财务报表中的数据是否准确无误。合规性方面，审计团队将检查企业是否按照相关法律法规进行业务操作。内部控制系统的有效性评估将涉及对关键控制点的测试，以确定控制措施是否能够及时发现并纠正偏差。

（3）审计时间跨度。考虑到企业的规模和业务复杂性，审计时间跨度可能被设定为一个财务年度，即从上一年度的 1 月 1 日至当年的 12 月 31 日。然而，如果审计目标中特别强调了对某一特定事件或时间段的审查，审计时间跨度可能会相应调整。

通过明确审计目标和范围，审计团队能够高效地规划和执行审计工作，为企业的利益相关者提供有价值的洞察和建议，帮助他们作出更明智的决策。

二、审计时间表与资源分配的制定

审计主管需要根据审计目标和范围，合理安排审计时间表，包括审计准备阶段、现场审计阶段和报告阶段的时间分配。时间表应详细到每个审计步骤和关键节点，以确保审计工作有序进行。

例如，对于一个财务报表审计项目，审计准备阶段可能需要两周时间，用于收集和分析财务数据、制订审计计划和程序；现场审计阶段可能需要一个月时间，用于实地检查、测试和评估财务记录；报告阶段则可能需要一周时间，用于整理审计发现、撰写审计报告并提交给管理层。

审计主管需要根据审计项目的需求，合理分配人力资源、财务资源和物资资源。

人力资源包括审计团队的组成、人员的专业技能和经验。例如，在一个复杂的IT系统审计项目中，可能需要一名经验丰富的IT审计师和一名财务审计师共同协作。

财务资源涉及审计预算的制定和成本控制。例如，审计主管需要确保审计项目的预算合理，严格控制成本，避免不必要的开支。

物资资源包括审计工具、设备和软件等。例如，使用专业的审计软件可以提高审计效率和准确性，而高质量的办公设备则可以确保审计团队的工作能顺利进行。

某企业计划进行一次年度财务报表审计，审计主管首先制订了详细的审计时间表，将整个审计过程分为三个阶段：

审计准备阶段（两周时间）

第一周：收集和分析上一年度的财务数据，制订初步审计计划。

第二周：设计详细的审计程序，包括审计测试和评估方法，并组织审计团队进行培训。

现场审计阶段（一个月时间）

第一周：对公司的财务记录进行初步检查，确定重点审计领域。

第二至三周：对重点审计领域进行详细测试和评估，包括现金、应收账款、存货等。

第四周：完成现场审计工作，整理审计发现并准备初步报告。

报告阶段（一周时间）

审计团队整理审计发现内容，撰写审计报告，并提交公司管理层。在资源分配方面，审计主管根据项目需求合理分配了人力资源、财务资源和物资资源。

（1）人力资源：审计主管组建一个由三名审计师组成的团队，包括一名财务审计师、一名IT审计师和一名助理审计师。

（2）财务资源：审计主管制订了详细的审计预算，确保所有审计活动在预算范围内进行，并严格控制成本。

（3）物资资源：审计主管为审计团队配备了专业的审计软件和高质量的办公设备，以提高审计效率和准确性。

通过合理的时间表和资源分配，该企业的年度财务报表审计工作得以顺利进行，并最终提交了一份高质量的审计报告。

三、审计方法与程序的确定

为了确保审计工作的有效性，审计主管必须精心选择和设计这些方法和程序，以适应不同的审计目标和范围。

审计方法的选择决定了审计工作的方向和深度。例如，详细审计适用于对特定领域或交易进行深入检查，以确保其完全符合相关法规和标准；抽样审计则通过选取部分样本进行检查，以推断整体情况，这种方法在资源有限时尤其有用。

在确定了审计方法之后，审计主管需要设计一套详细的审计程序。这些程序是审计工作的蓝图，确保审计活动有序进行。审计程序通常包括以下几个关键环节。

1. 审计计划的制订

审计计划制订是审计工作的起点，需要根据审计目标和被审计单位的特定情况来设计。审计计划应包括审计目标、范围、方法、时间表及所需资源等关键要素。

2. 审计实施

在这一阶段，审计团队将按照既定的审计计划执行具体的审计活动，包括收集审计证据，如财务报表、交易记录、合同文件等，并运用适当的分析和评价方法评估这些证据的有效性和可靠性。

3. 审计报告的编写

审计完成后，审计主管需要整理审计结果，编写审计报告。报告应清晰地反映审计发现的问题、审计证据、分析过程，以及得出的结论和建议。

4. 审计后续跟踪

审计工作并非在报告提交后结束。审计主管还需要跟踪被审计单位对审计建议的采纳情况，确保审计结果得到妥善执行，并对可能的改进措施进行评估。

此外，想要确保审计程序的科学性和有效性，审计主管必须不断更新和优化审计方法和程序，以适应不断变化的审计环境和被审计单位的特定需求。同时，审计主管还应确保审计团队具备必要的专业技能和知识，以便能够高效地执行审计任务。

四、预算的编制与成本控制

为了确保审计工作的高效性和专业性，审计主管必须根据审计项目的具体特点，包括项目的规模、复杂程度及预期可能面临的风险，合理编制审计预算。预算不仅要全面，而且要具有一定的灵活性，以适应审计过程中可能出现的不可预见情况。

在预算的编制过程中，审计主管需要详细列出所有可能发生的费用，确保每一项成本都被考虑到。通常包括人力资源成本，即审计团队成员的工资和福利费用；差旅费用，包括交通、住宿和餐饮等；以及审计工具和设备的购置或租赁费用，这可能包括软件许可、硬件设备及必要的办公用品等。

审计主管还需要对审计过程中的各项支出进行严格的监控和管理，确保每一笔资金的使用都是必要和合理的。这不仅有助于避免浪费，还能提高审计工作的整体效率。审计主管应定期审查实际支出与预算之间的差异，并根据审计项目的实际进展和市场情况，适时调整预算。这样的动态管理能够确保面对风险和变化时，能够迅速做出反应，保证项目的顺利进行。

此外，审计主管还应建立一套完善的成本控制机制，包括但不限于制定明确的费用审批流程、定期进行成本分析和报告，以及对预算执行情况进行评估。通过这些措施，审计主管可以确保审计项目的成本效益最大化，同时保证审计质量不受影响。

第七节　项目监控：风险控制与质量保证

某审计主管正在负责一家企业的财务审计项目。在项目开始阶段，审计主管制订详细的审计计划，并与团队成员进行充分的沟通。然而，在审计过程中，审计团队发现企业存在大量未记录的固定资产。这一发现对审计进度和结果产生了重大影响。

审计主管迅速采取行动，重新评估了审计风险，并决定增加审计资源，专注于固定资产的评估。同时，审计主管与企业管理层沟通了这一问题，并建议立即进行内部调查，以确定未记录资产的原因和责任人。

在接下来的几周里，审计主管密切监控调查进展，并定期更新监控报告，向项目相关方通报最新情况。最终，通过审计团队的努力，企业成功地记录了所有未记录的固定资产，并对内部控制流程进行了改进，以防止类似问题再次发生。

通过这个案例，我们可以看到审计主管在项目监控与风险管理中的关键作用。他们不仅需要确保审计工作的顺利进行，还需要在面对风险和挑战时，迅速作出反应，制定有效的应对策略，并与所有相关方保持沟通。通过这样的努力，审计主管能够确保审计项目的成功完成，并为组织提供有价值的洞察和建议，如图 6-8 所示。

图 6-8 项目监控与风险管理

一、审计进度的跟踪与调整

作为审计工作的负责人，审计主管需要确保审计进度符合既定的时间表，包括定期检查各个审计阶段的完成情况，与团队成员沟通，确保他们了解自己的责任和截止日期。

例如，在对一家中型零售企业进行财务审计时，审计主管发现，由于税法变更，需要额外的时间评估税务合规性。在这种情况下，审计主管必须及时调整项目计划，重新分配资源，并与项目相关方沟通变更，以确保审计工作能够顺利进行。

二、识别并评估审计风险

识别和评估审计风险涉及对潜在风险的识别，包括财务报表的不准确、内部控制的缺陷与合规性问题等。

例如，在对一家金融机构进行合规性审计时，审计主管发现该机构在反洗钱政策的执行上存在重大缺陷。通过深入分析，审计主管准确评估这一风险对整个审计项目的影响，并决定采取应对措施。

三、应对措施的制定与实施

在识别审计风险后，审计主管需要制定相应的应对措施。这些措施一般包括调整审计程序、增加样本量、使用更先进的数据分析技术，或者在必要时聘请外部专家。

例如，在对一家制药公司进行内部审计时，审计主管发现存在严重的数据完整性问题。为了应对这一风险，审计团队需要采用更复杂的审计软件来分析大量数据，并且可能需要聘请数据科学家帮助解释与分析。

四、监控报告的编制与更新

审计主管还需要负责编制和更新监控报告，这些报告为项目相关方提供了审计进度和风险状况的透明度，该报告通常包括关键绩效指标、风险评估结果及需要关注的事项。

例如，在对一家跨国公司的全球采购流程进行审计时，审计主管发现不同地区的采购政策执行不一致，这可能导致合规风险。通过定期更新监控报告，审计主管必须确保管理层及时了解这一问题，并采取必要的纠正措施。

第八节　技术支持：团队培训与专业指导

审计主管不仅是审计团队的主心骨，还可以为审计人员提供多方面的帮助，主要集中在技术支持和培训助力上。审计工作需要先进技术与工具的加持，审计人员需要实现能力的提升，这些都属于审计主管的职责范畴，如图 6-9 所示。

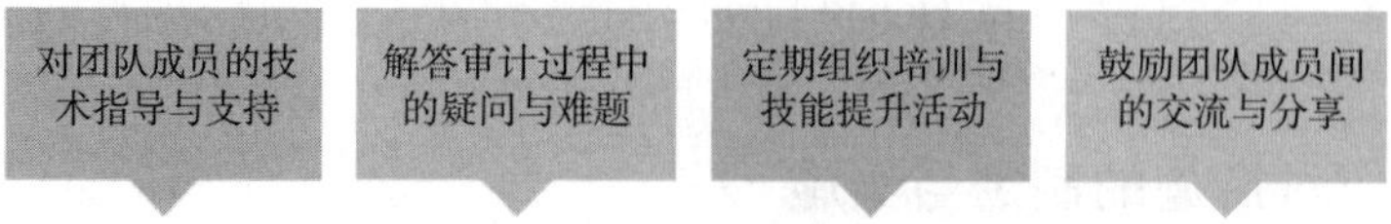

图 6-9　提供技术支持与团队培训

一、对团队成员的技术指导与支持

审计主管为成员提供的技术指导与支持不仅包括对审计工具的熟练运用，还包括对审计方法和流程的深入理解。在日常工作中，主管需要密切关注团队成员在审计过程中遇到的技术难题，并及时提供解决方案。

例如，当团队成员在使用数据分析软件时遇到数据导入问题，主管需要迅速识别问题所在，并指导成员正确配置软件设置，确保数据顺利导入并进行分析。

二、解答审计过程中的疑问与难题

在审计过程中，团队成员可能会遇到各种各样的问题，这些问题可能涉及复杂的会计准则、税务法规，或是特定行业的审计要求。审计主管需要具备丰富的专业知识和实践经验，以便能够解答这些疑问。

例如，当团队成员在对一家金融企业的审计中，对金融衍生工具的公允价值计量产生疑问时，审计主管需要提供相关的会计准则解释，并结合实际案例，帮助团队成员理解和应用会计准则。

三、定期组织培训与技能提升活动

为了保持团队的专业竞争力，审计主管需要定期组织培训和技能提升活动。这些活动可以是内部培训，也可以是外部的专业研讨会或网络课程。通过这些活动，团队成员可以不断更新自己的知识库，掌握最新的审计技术和方法。

例如，主管可以安排团队成员参加关于区块链技术在审计中应用的线上课程，帮助团队成员了解这一新兴技术，并探讨其在审计工作中的潜在应用。

四、鼓励团队成员间的交流与分享

审计工作往往需要团队合作，因此，鼓励团队成员间的交流与分享也是审计主管的重要职责之一。通过定期的团队会议、工作坊或非正式的交流活动，审计主管可以促进团队成员之间的知识和经验分享。

例如，审计主管可以组织“审计案例分享会”，让每个团队成员分享自己在审计过程中遇到的一个难题及解决方案。这样的活动不仅能够增进团队成员之间的相互了解，还能提升整个团队解决问题的能力。

某审计团队正在对一家中型企业进行年度审计。在审计过程中，团队成员遇到了一个难题：如何正确评估该企业在不同地区或省份的存货跌价准备。由于涉及不同地区，这个问题变得尤为复杂。

作为审计主管，首先需要对团队成员进行技术指导，并提供一个统一的评估框架。其次，主管需要解答团队成员在具体操作过程中遇到的问题，比如如何处理不同地区间价格差异对存货价值的影响，以及在税法框架下合理计提跌价准备。

再次，审计主管可以组织一次关于审计准则的内部培训，邀请具有丰富经验的审计专家来分享他们的经验和见解。通过这次培训，团队成员不仅能够了解审计准则的具体要求，还能够学习如何在审计工作中应用。

最后，审计主管可以鼓励团队成员在内部分享他们在处理国内不同地区审计项目中的经验和教训。通过分享会，团队成员可以了解不同地区间的审计实践差异，以及如何在不同环境下灵活运用审计技术。这样的交流不仅有助于提升团队的专业能力，还能够增强团队的凝聚力和合作精神。

第九节　实地审计：工作执行与效果评估

2024 年，某企业发现财税工作中出现了诸多不可估量的风险，为此，管理者要求审计部门进行实地审计。审计主管在接到任务后，首先组织了一个由五名经验丰富的审计师组成的团队，并为他们分配了具体的审计任务。在审计工作开始之前，审计主管与团队成员一起制订详细的审计计划，明确了审计目标、范围、方法和时间表。

在实地审计阶段，审计团队先对企业的财务报表进行全面审查。他们仔细核对了资产负债表、利润表和现金流量表中的各项数据，确保所有财务信息的准确性和完整性。在审查过程中，审计团队发现了一些异常的会计分录，这引起了他们的高度关注。

接着，审计团队转向了企业的采购流程。他们检查了采购订单、发票、验收单等关键文件，以确保采购活动的合规性。审计团队发现，采购合同中存在一些不明确的条款，这可能导致合同执行过程中的误解和纠纷。此外，审计团队还注意到，采购审批流程不够严格，存在一些关键环节的审批缺失。

库存管理是审计团队关注的另一个重点。他们通过实地盘点与系统记录对比，发现库存数量存在较大差异。进一步的调查揭示了盘点流程的不规范，包括盘点周期过长、盘点人员缺乏专业培训等问题。

在收集和整理足够的审计证据后，审计团队开始编制审计报告。审计主管亲自指导团队成员如何准确记录发现的问题，并要求他们提供充分的证据支持。审计主管还强调了报告中必须保持客观和中立的立场，避免偏见。

初稿完成后，审计主管对初稿进行逐字逐句的审核。他特别关注报告中数据的准确性、问题描述的清晰度及改进建议的可行性。在确保报告内容无误后，审计主管才批准了报告的最终版本。

在审计报告中，审计主管提出了多项改进建议。针对库存盘点不准确的问题，他建议企业建立更为严格的库存盘点制度，包括缩短盘点周期、提高盘点频率、对盘点人员进行定期培训等。对于采购合同管理不规范的问题，审计主管建议企业优化采购合同审批流程，明确合同条款，加强合同执行过程中的监督和控制。

审计报告提交被审计企业后，企业高层对报告中提出的问题和建议给予了高度重视。他们迅速组织了内部会议，讨论并制定了相应的整改措施。在随后的整改过程中，企业逐步实施了审计主管提出的建议，改进了内部管理流程。

通过这次审计，企业不仅提高了财务报告的准确性，还优化了内部管理流程，提升了整体运营效率。同时，企业对审计团队的专业性和审计主管的领导能力给予了高度评价，深度认可了他们的工作与成果。

剖析上述案例的细节，我们可以发现，审计主管带领团队实地进行审计工作，可以有效完善审计工作。基于准确的审计结果，企业就可以快速地发现问题并加以改进，从而提高整体的运营效率，如图 6-10 所示。

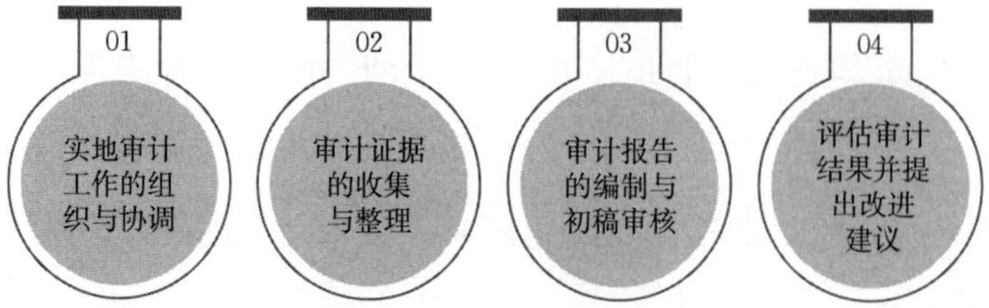

图 6-10　实地审核工作与评估

一、实地审计工作的组织与协调

审计主管需要对审计项目进行周密的计划和组织，确保审计团队高效运作，包括确定审计目标、制订审计计划、分配审计任务及协调审计团队成员之间的合作。在实地审计过程中，审计主管要确保审计活动符合既定的审计程序和标准，同时也要处理现场出现的各种突发情况，保证审计工作的顺利进行。

二、审计证据的收集与整理

审计证据是审计工作的基础，审计主管需要指导团队成员采用恰当的方法收集审计证据，包括但不限于财务记录、合同文件、会议记录等。收集到的证据需要进行严格的整理和分类，确保其完整性和可追溯性。在此之后，审计主管还要对证据进行初步的分析，以确定是否存在潜在的风险点或问题。

三、审计报告的编制与初稿审核

审计报告是审计工作的最终成果，审计主管负责指导团队编制审计报告的初稿。审计报告中应详细记录审计过程、发现的问题及相关的证据支持。审计主管需要对初稿进行审核，确保报告内容的准确性和客观性，同时也要注意报告的表达方式，使其既专业又易于理解。

另外，在审计报告中，审计主管还需提出针对性的改进建议。

四、评估审计结果并提出改进建议

在完成审计报告后，审计主管需要对审计结果进行深入分析，评估被审计单位的内部控制体系的有效性和潜在的风险点。基于评估结果，审计主管提出切实可行的改进建议，帮助被审计单位完善内部控制，提高运营效率和合规性。

W 企业近些年的审计工作一直做得不错，这都得益于该企业的审计主管，他很有想法与计划，同时也十分清楚自己的职责，以下是其部分自述。

审计项目的计划与安排

作为 W 企业的审计主管，我负责制订和执行审计计划，确保企业遵守相关财税法规。在计划阶段，我首先与高层管理团队沟通，了解企业的战略目标和业务重点，确定审计项目的方向和范围。其次，根据企业规模、业务复杂度和风险评估结果，制订详细的审计计划和时间表。

在安排项目时，我注重资源的合理分配，确保每个审计项目都有足够的人员和时间进行深入调查。最后，我还会与相关部门协调，确保审计工作能够顺利进行，不影响企业的正常运营。

项目监控与风险管理

在项目执行过程中，我负责监控审计进度和质量，确保项目按计划进行。我会定期召开项目进度会议，听取团队成员的汇报，及时发现并解决可能出现的问题。此外，我还会关注项目中的潜在风险，制定相应的应对措施，以降低审计失败的可能性。

风险管理方面，我采用定量和定性相结合的方法，对审计项目中的各种风险进行评估和分类。对高风险领域，我会增加审计资源投入，确保风险得到有效控制。同时，我还会定期向高层管理团队报告风险管理情况，以便他们了解企业的风险状况。

提供技术支持与团队培训

作为审计主管，我深知团队成员的专业技能对审计工作的重要性。因此，我积极为团队成员提供技术支持，包括最新的审计工具、方法和法规更新。此外，我还会定期组织内部培训，分享审计经验和最佳实践，帮助团队成员提升专业能力。

在培训过程中，我会根据团队成员的技能水平和业务需求，制订个性化的培训计划。通过培训，团队成员能够更好地应对复杂的审计任务。

实地审计工作与评估

实地审计是审计工作的核心环节，我带领团队深入企业各部门，对财务报表、内部控制和业务流程进行详细检查。在实地审计过程中，我会指导团队成员运用专业技能，发现并记录潜在的问题和风险。

审计结束后，我会组织团队成员对审计结果进行汇总和分析，撰写详细的审计报告。在审计报告中，我会对企业的财税合规情况进行客观评价，并提出改进建议。最后，我会将审计报告提交给高层管理团队，以便他们了解企业的财税状况，并采取相应的改进措施。

第十节　审计项目：开展与执行审计项目

中小企业内部审计团队（以下简称审计团队）的领导与管理是确保审计工作高效、准确、合规完成的关键。作为审计团队的领导者，首要任务是明确团队目标和方向，确保审计工作与企业战略和风险管理需求紧密对接。在日常管理中，需注重团队成员的分工与协作，合理配置资源，提升审计执行力的同时，确保团队成员的专业能力和职业素养。

某企业为了确保运营的合规性、效率和效果，其内部审计团队决定开展一系列审计项目。审计团队先对企业的业务流程、财务状况和内部控制进行分类和评估，最终确定了以下三个审计项目：

（1）财务报告审计。确保企业财务报告的准确性和完整性，符合相关会计准则和法规要求。

（2）信息技术系统审计。评估企业信息技术系统的安全性、稳定性和效率，确保数据保护和业务连续性。

（3）采购流程审计。审查企业采购流程的合规性、效率和效果，防止舞弊和浪费。

审计团队根据选定的审计项目制订详细的审计计划，包括审计目标、范围、方法、时间表和资源分配。以下是各审计项目的执行步骤。

财务报告审计

（1）审计团队与财务部门沟通，了解财务报告编制流程和内部控制措施。

（2）对财务报告进行详细分析，检查会计分录、报表附注和相关披露信息。

（3）与外部审计师沟通，获取其对财务报告的意见和建议。

信息技术系统审计

（1）审计团队与IT部门合作，了解系统架构、安全措施和备份恢复流程。

（2）对关键系统进行渗透测试和漏洞扫描，评估系统安全性。

（3）检查数据备份和恢复计划的有效性，确保业务连续性。

采购流程审计

（1）审计团队与采购部门沟通，了解采购流程和内部控制措施。

（2）对采购订单、合同和付款流程进行详细审查，检查合规性和效率。

（3）与供应商沟通，了解采购价格和合同条款的合理性。

审计团队在完成各审计项目后，编写详细的审计报告，总结发现的问题、风险和改进建议。以下是各审计项目的报告和跟踪步骤。

财务报告审计

（1）编写财务报告审计报告，总结发现的问题和改进建议。

（2）将审计报告提交公司管理层和董事会，确保问题得到及时解决。

信息技术系统审计

（1）编写信息技术系统审计报告，总结发现的问题和改进建议。

（2）将审计报告提交公司管理层和IT部门，确保问题得到及时解决。

采购流程审计

（1）编写采购流程审计报告，总结发现的问题和改进建议。

（2）将审计报告提交公司管理层和采购部门，确保问题得到及时解决。

为了确保审计项目的质量和效果，审计团队在项目开展过程中进行了风险评估和质量控制。以下是风险评估和质量控制的步骤。

风险评估

（1）审计团队在项目开始前对潜在风险进行评估，确定审计重点和资源分配。

（2）在项目执行过程中持续关注风险变化，及时调整审计计划和方法。

质量控制

（1）审计团队制订详细的审计工作底稿和检查清单，确保审计过程的规范性和完整性。

（2）审计团队定期进行内部质量检查，确保审计工作的质量和效果。

（3）审计团队与外部审计师和行业专家进行沟通，获取他们的意见和建议，提高审计工作的专业性和准确性。

通过以上步骤，该企业成功开展了内部审计项目，提高了公司运营的合规性、效率和效果。

分析上述案例可以看出，开展审计项目主要从四个方面入手，分别为审计项目的分类和选择、审计项目的计划和执行、审计项目的报告和跟踪、风险评估和质量控制，如图 6-11 所示。

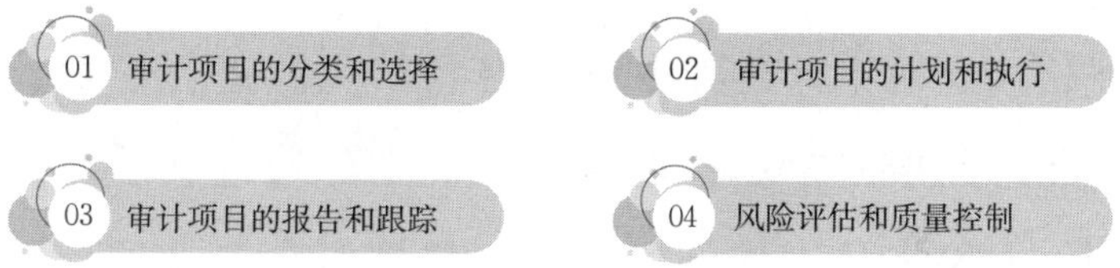

图 6-11　开展各类审计项目

一、审计项目的分类和选择

审计团队往往需要同时审计多个项目，其首要任务是分类和选择各类审计项目，通常需要对审计内容进行初步了解与评估、根据情况明确审计范围与重点等。这一环节的工作可以确保审计项目的有效性和效率。

二、审计项目的计划和执行

在该阶段，审计团队需要制订详尽的审计计划，明确审计目标、方法、时间表和资源分配。计划的制订需要基于对被审计单位的深入了解，以及对可能遇到的风险和挑战的预判。执行过程中，审计人员必须严格按照计划进行，同时保持灵活性，以应对可能出现的意外情况。

三、审计项目的报告和跟踪

审计项目报告是审计工作的最终成果，它需要清晰、准确地反映审计过程和发现的问题，并提出具体的改进建议。报告的撰写应遵循客观、公正的原则，确保信息的透明度和可靠性。而跟踪则是对审计建议实施情况的持续监督，确保审计成果能够得到有效的执行和落实。

四、风险评估和质量控制

风险评估涉及对审计过程中可能遇到的风险进行识别、分析和评价，并制定相应的应对措施。而质量控制则是通过一系列的内部检查和监督机制，确保审计工作的每一个环节都符合专业标准和要求，从而保证审计结果的准确性和可信度。

第十一节　项目团队：审计团队组建与计划制订

企业渴望获得准确的审计结果，审计人员需要承担此重任。然而，审计工作的顺利进行不能仅仅依靠相对独立的某些人，而是需要由专业的团队来实现。另外，审计工作也需要由计划引导，那么审计团队根据审计项目制订出相应的计划，如图 6-11 所示。

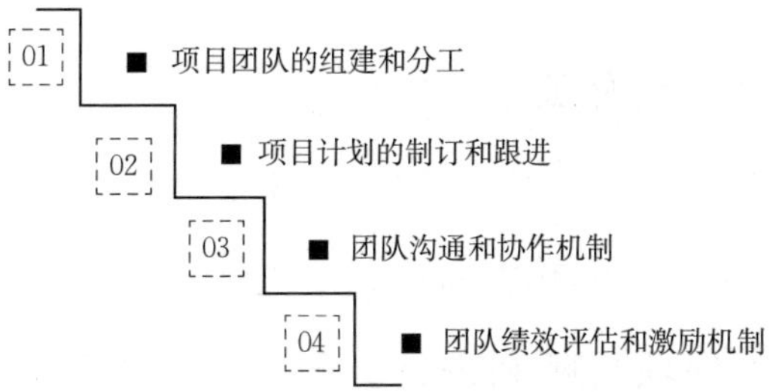

图 6-11　组建项目团队与计划

一、项目团队的组建和分工

企业要想充分利用审计团队的潜力，首要任务是构建一个成熟且值得信赖的审计团队。在这一过程中，关键步骤包括精心挑选合适的团队成员，并对所有成员进行明确的职责分配，确保审计工作能够高效且有序地进行。

1. 审计团队成员的选择

为了组建一个合格的审计团队，企业需要这样选择成员。

（1）团队成员的技能和经验。根据审计项目的需求，精心挑选那些具备所需的专业知识、丰富的审计经验和深厚的行业背景的人员。这些成员的加入，将为团队带来宝贵的经验和视角，有助于提升审计工作的质量和效率。

（2）团队规模和结构。在构建团队时，必须考虑团队的规模，确保它既不会规模过大难以管理，也不会过小而影响工作效率。一个合理的团队结构应包括项目经理、审计人员、技术支持人员等关键角色，每个角色都承担着团队不可或缺的责任。

（3）角色和职责的明确。为了确保团队运作的高效性，必须对每个团队成员的职责进行清晰的定义和划分。这样可以避免职责的重叠，确保每个成员都清楚自己的工作范围，同时也能确保没有遗漏重要的工作。

2. 审计人员的职责分工

在团队成功组建之后，接下来的步骤是进行细致的职责分工：

（1）项目经理。作为团队的核心，项目经理负责整体项目规划，协调各种资源以确保项目顺利进行。同时，项目经理还需监督项目的进度，确保团队按时完成任务，并对最终的工作质量进行严格控制。

（2）审计人员。审计人员是执行审计任务的主体，他们负责收集必要的数据，运用专业技能进行深入分析，并撰写详尽的审计报告。他们的工作直接关系到审计结果的准确性和可靠性。

（3）技术支持人员。技术支持人员为审计团队提供强大的技术后盾，他们负责提供和维护数据分析工具，确保审计人员能够高效地处理数据，从而提高整个审计过程的效率和质量。

（4）行政支持人员。行政支持人员虽然不直接参与审计工作，但他们的工作对于团队的日常运作至关重要。他们负责管理文档、安排会议及处理日常行政事务，确保团队能够在一个有序和高效的环境中工作。

二、项目计划的制订和跟进

某公司进行年度财务审计，项目计划包括以下内容：

（1）项目范围定义。目标是评估公司过去一年财务报告的准确性，范围包括审查资产负债表、利润表和现金流量表，预期成果是出具无保留意见的审计报告。

（2）时间规划。项目分为准备阶段（1 个月）、现场审计阶段（两个月）和报告阶段（1 个月），关键里程碑包括完成审计计划、提交初步审计报告和最终审计报告。

(3) 资源分配。项目团队由五名审计师组成，分别负责不同领域的审计工作，同时使用审计软件进行数据分析。

(4) 风险管理。识别的风险包括数据不完整、内部控制缺陷等，应对措施包括增加审计样本量、调整审计程序等。

(5) 沟通计划。项目团队每周进行一次会议，向管理层每月提交一次进度报告，与客户定期沟通审计发现和建议。

项目计划制订后，项目团队定期进行审查和调整，确保项目按计划进行。例如，在现场审计阶段，审计团队发现部分数据不完整，于是增加了数据收集和验证的时间，并相应调整了报告阶段的时间安排。同时，项目团队与客户和管理层保持持续沟通，确保各方对项目进展有清晰的了解。最终，项目顺利完成，客户对审计报告表示满意。

分析上述案例，我们可以发现项目计划与定期跟进对整个审计过程有着明显的作用。如果企业可以将相关工作顺利完成，就可以确保审计工作的效率与效果。

项目计划是指导整个审计过程的蓝图。制订项目计划时，应遵循以下步骤。

1. 项目范围定义

明确审计的目标、范围和预期成果。例如，如果审计的目标是评估公司财务报告的准确性，那么项目范围可能包括审查过去三年的财务报表和相关内部控制流程。

2. 时间规划

制订详细的时间表，包括各阶段的起止日期和关键里程碑。例如，审计项目可以分为准备阶段、现场审计阶段和报告阶段，每个阶段都有明确的起止日期和关键任务。

3. 资源分配

根据任务需求合理分配人力和物力资源。例如，需要为审计项目分配具有财务审计经验的审计师，以及必要的审计软件和工具。

4. 风险管理

识别潜在风险并制定应对措施。例如，审计过程中可能遇到的风险包括数据不完整、内部控制缺陷等，应对措施可能包括增加审计样本量、调整审计程序等。

5. 沟通计划

确定项目内外的沟通方式、频率和责任人。例如，项目团队每周进行一次会议，向管理层每月提交一次进度报告，与客户定期沟通审计发现和建议。

项目计划制定后，需要定期跟进和调整。

1. 定期审查

定期检查项目进度，与计划进行对比，确保项目按计划进行。例如，审计团队在每个阶段结束时进行审查，评估是否达到预定目标，是否需要调整后续计划。

2. 灵活调整

根据实际情况调整计划，解决出现的问题和挑战。例如，如果在审计过程中发现数据不完整，可能需要增加数据收集和验证的时间，相应地调整后续阶段的时间安排。

3. 持续沟通

确保项目团队成员和利益相关者之间保持信息的及时更新和沟通。例如，审计团队定期向客户和管理层报告审计进度和发现，确保各方对项目进展有清晰的了解。

三、团队沟通和协作机制

有效的团队沟通和协作机制，是确保审计项目顺利完成的关键，为了达到这一目标，项目管理者和团队成员需要采取一系列关键措施，这些措施不仅能够促进信息的流通，还能够增强团队的凝聚力和效率。以下是一些经过实践验证的关键措施。

1. 定期组织会议

为了确保项目中的每个成员都能够同步信息，及时了解项目进展，组织定期的团队会议是必不可少的。这些会议可以是每周一次的项目进度汇报，也可以是针对特定问题的临时讨论会。通过定期会议，团队成员可以分享各自的工作成果，讨论遇到的难题，并共同寻找解决方案。这样的实践有助于保持团队的透明度和责任感，从而推动项目向前发展。

2. 沟通工具

在现代项目管理中，沟通工具扮演着至关重要的角色。选择合适的项目管理软件和协作工具，可以极大地促进团队成员之间的实时沟通和文件共享。这些工具不仅能够帮助团队成员跨越地理和时间的限制，还能够提供一个集中的平台跟踪任务进度、管理项目文档和记录会议要点。通过这些工具，团队成员可以随时获取最新的项目信息，确保每个人都在同一页面上工作。

3. 明确沟通渠道

为了减少沟通混乱和提高效率，为不同类型的沟通指定明确的渠道是十分必要的。例如，电子邮件可以用于发送正式的通知和重要文件，而即时消息工具则适用于日常的快速沟通和紧急问题的处理。此外，还可以设立专门的项目讨论组或频道，以便团队成员能够根据需要选择合适的沟通方式。明确的沟通渠道有助于团队成员快速定位信息，避免信息遗漏或重复沟通，从而提高工作效率。

4. 建立反馈机制

为了持续改进团队的沟通和协作效果，建立一个开放和积极的反馈机制是至关重要的。鼓励团队成员提供反馈，无论是正面的表扬还是建设性的批评，都是团队成长和进步的宝贵资源。通过定期的反馈收集，项目管理者可以及时了解团队内部的沟通状况，发现潜在的问题，并采取措施进行解决。此外，及时的反馈还可以增强团队成员之间的信任和尊重，营造积极向上的工作氛围。

四、团队绩效评估和激励机制

为了保持审计团队的高效和动力，需要建立绩效评估和激励机制。

1. 绩效指标

设定明确的绩效指标，如项目完成质量、时间管理、团队合作等。这些指标不仅需要量化，以便于客观评估，还应当与团队的具体工作内容紧密相关，确保每个成员都能清晰地了解自己的工作目标和期望成果。此外，绩效指标还应包括个人能力提升和创新思维的培养，以促进团队整体的持续进步。

2. 定期评估

定期对团队成员的绩效进行评估，提供反馈和改进建议。评估周期可以是季度或半年，根据团队的工作性质和项目周期灵活调整。评估过程中，不仅要关注结果，也要重视团队成员之间的协作情况。评估结果应当及时反馈给团队成员，帮助他们认识到自己的优势和需要改进的地方。

3. 激励措施

根据绩效评估结果，给予物质奖励或职业发展机会，如奖金、晋升或培训机会。激励措施应当具有吸引力，能够真正激发团队成员的积极性和创造力。除了物质奖励，精神激励同样重要，比如公开表彰优秀员工，提供更多的工作自主权等，都能有效提升团队士气。

4. 个人发展计划

鼓励团队成员制订个人发展计划，与项目目标相结合，促进个人成长和团队目标的实现。个人发展计划应当包括短期和长期目标，以及实现这些目标的具体步骤和时间表。团队领导应当为成员提供必要的支持和资源，帮助他们克服实现个人目标过程中遇到的困难。

第七章　财务质量流程优化

企业提升财务质量管理，需要聚焦流程优化，应采取的核心措施包括：推动自动化应用，引入机器人流程自动化（RPA）处理高频、规则的报销单录入、银行对账及报表生成，可以显著减少因手工操作造成的耗时与差错；精简审批链条，合并冗余环节，明确各节点时效，利用电子签批加快流转；强化系统集成，打通业务、财务系统壁垒，确保采购、销售、支付数据实时同步，消除信息孤岛；规范制度执行，统一费用标准与核算规则，加强关键控制点稽核。

第一节　财务流程评估：现状诊断与优化需求

在现代企业运营中，财务流程如同血液循环系统，其效率直接决定组织的生命力与竞争力。财务流程评估并非简单的查错纠弊，而是一项系统性的诊断工程，旨在全面审视现有财务活动的执行路径、控制节点与信息流转，精准识别痛点，为后续的优化升级提供坚实的决策依据。其核心价值在于将财务运作提升为驱动业务增长的战略伙伴。

某中型机械制造企业（以下简称A公司）自2023年以来营业收入增长显著，但现金流持续紧张，坏账风险隐现。企业管理层委托专业顾问进行深度财务流程评估，重点聚焦应收账款管理。

诊断发现

（1）流程割裂效率低。销售合同签订、发货确认、开票申请、收款跟踪分散在销售、物流、财务三个部门，缺乏统一协调。销售员签单后信息传递滞后，财务部门往往在发货多日后才知悉需要开票，平均开票周期长达7天。

（2）信用管理形同虚设。虽有信用额度审批制度，但执行流于形式。销售为冲业绩常施压放宽额度，信用专员缺乏独立性与有效工具（如实时客户信用数据库），超额度发货频繁发生。

(3) 收款追踪被动粗放。收款主要依赖财务人员定期查看银行流水并手动匹配，催收缺乏系统化跟进机制与明确责任划分，逾期账款大幅增加，平均回款周期达75天，远超行业60天的平均水平。

(4) 系统支持不足。现有财务软件功能简单，无法自动匹配收款与发票，也无法生成有效的账龄分析报告和预警提示，财务人员大量的时间耗费在基础数据整理上。

优化方案与实施

基于诊断结果，顾问团队与A公司共同制定方案：

(1) 流程再造与整合。建立“销售+财务”协同的“端到端”流程。规定销售部门签单后24小时内应在系统中录入完整合同信息并触发开票申请；物流发货同步触发系统通知财务部门；财务部门应在48小时内完成开票。

(2) 强化信用管控。引入专业信用管理模块，集成第三方征信数据，实现客户信用额度自动计算与硬性控制（系统自动拦截超额度订单）。设立独立信用经理职位，直接向财务总监汇报。

(3) 建立主动收款体系。制定阶梯式催收政策，明确销售前端对回款负有首要责任，财务提供支持与监督。系统自动生成账龄报告与逾期预警，触发不同级别的催收动作（邮件、电话、信函、法务介入）。

(4) 技术赋能升级。升级企业资源计划系统（ERP），实现销售合同、发货、开票、收款信息自动关联与匹配。部署自动化对账工具，大幅减少手工操作。开发定制化应收账款管理仪表盘。

方案实施半年后，A公司平均开票周期缩短至3天，平均回款周期降至58天，逾期账款金额下降40%，坏账率显著降低。财务人员从烦琐的对账中解放出来，将更多精力投入经营分析。销售与财务部门协作显著改善，现金流状况大幅好转。

系统化评估与优化方法

A公司的案例印证了系统化方法的必要性：

(1) 明确范围与目标。清晰界定评估涉及的具体流程（如应付账款会计、应收账款会计、固定资产会计、总账会计、关账等）及核心目标（效率提升、风险控制、决策支持等）。

(2) 全面信息收集。综合运用流程图绘制、关键人员访谈、文档审阅（制度、表单、报告）、系统穿行测试、数据分析（处理时长、差错率、成本）、问卷调研等多种方法。

(3) 深度分析与诊断。运用价值链分析、瓶颈分析、控制弱点分析等方法，识别根本原因而非表面症状，同时量化问题影响（如时间、成本、风险暴露值）。

(4) 制定针对性优化方案。方案需紧密结合业务实际，平衡效率、风险与成本。清晰规划实施路径、资源需求、责任主体与时间表。

(5) 变革管理与持续监控。重视人员培训与沟通，化解变革阻力。建立关键绩效指标续追踪优化效果（如流程周期时间缩短、处理成本下降、差错率降低、用户满意度提升比例等），并根据反馈进行迭代调整。整个评估优化过程需遵循结构化方法，关键步骤见表7-1。

表7-1　系统化评估与优化方法步骤

步　骤	描　述
明确范围与目标	清晰界定评估涉及的具体流程（应付账款会计、应收账款会计、固定资产会计、总账会计、关账等）及核心目标（效率提升、风险控制、决策支持等）
全面信息收集	综合运用流程图绘制、关键人员访谈、文档审阅（制度、表单、报告）、系统穿行测试、数据分析（处理时长、差错率、成本）、问卷调研等多种方法
深度分析与诊断	运用价值链分析、瓶颈分析、控制弱点分析等方法，识别根本原因而非表面症状，同时量化问题影响（如时间、成本、风险暴露值）

续上表

步骤	描述
制定针对性优化方案	方案应紧密结合业务实际，平衡效率、风险与成本。优先解决“高影响、高可行性”的痛点。清晰规划实施路径、资源需求、责任主体与时间表
变革管理与持续监控	重视人员培训与沟通，化解变革阻力。建立关键绩效指标持续追踪优化效果（如流程周期时间缩短、处理成本下降、差错率降低、用户满意度提升比例），并根据反馈进行迭代调整

财务流程评估绝非一蹴而就，它应成为企业精益管理的一项常态化机制。通过系统性的现状诊断，企业能够穿透表象，精准定位财务运作中的效率洼地、风险敞口与价值漏损点。如同A公司的实践所证明，基于扎实诊断的优化方案，能有效疏通财务脉络，提升运营效率，强化风险控制，并释放财务数据的决策价值，最终转化为实实在在的现金流改善，提升盈利能力。在瞬息万变的商业环境中，持续审视并优化财务流程，是构建企业财务韧性、驱动可持续增长的核心能力。将评估洞察转化为优化行动，财务部门方能从交易处理者蜕变为真正的价值创造者与业务伙伴。

一、关键优化需求优先级确认

识别财务流程中的问题仅仅是起点，核心考量应围绕三个维度：业务影响强度、实施可行性与风险缓急程度。

业务影响强度是首要标尺，需量化问题对核心财务指标（如现金流周转速度、运营成本、坏账损失、合规风险成本）和关键业务目标（如市场扩张、客户满意度）的实际或潜在冲击。例如，A公司诊断中揭示的“信用管理形同虚设”问题，直接导致超额度发货频发、坏账风险激增，其对现金流的负面影响远甚于“开票周期长”的操作效率问题，因此前者在业务影响维度得分更高。

实施可行性应冷静评估组织资源与能力边界，涵盖技术复杂度（如是否需要核心系统改造或引入新模块）、变革阻力（涉及部门协作深度、人员技能适配性、文化接受度）、成本投入及预期实施周期。在A公司案例中，“强化信用管控”虽影响巨大，但因涉及引入外部征信数据、系统硬性控制改造与设立独立岗位，其技术复杂度和成本投入均高于“建立主动收款体系”这类主要依靠流程重构与政策明确的需求。

风险缓急程度独立于业务影响，聚焦于问题可能引发的即时性、灾难性后果。例如，严重的内部控制缺陷可能导致重大财务错报、合规处罚或欺诈风险，即使其日常业务影响看似不突出，也必须优先处置。A公司“收款追踪被动粗放”虽不直接造成即时巨额损失，但长期积累的逾期账款及潜在的客户纠纷隐患，构成了持续的经营风险。

“综合运用影响＋可行性矩阵分析”（如RICE评分模型）及风险评估矩阵，辅以管理层战略输入，能清晰描绘优化需求的优先级图谱。对A公司而言，顾问团队最终排序见表7-2。

表7-2　关键业务流程优化措施评估表

序号	措施名称	影响水平	风险水平	可行性水平	备注
1	重建信用管控机制	高影响	高风险	中等可行性	作为前三者的支撑基础，分阶段融入
2	构建主动收款体系	高影响	中等风险	高可行性	
3	整合端到端开票流程	中等影响	低风险	高可行性	
4	系统技术升级	中等影响	低风险	高可行性	

这种基于数据的理性排序，确保了有限资源精准投向能撬动最大价值的领域，避免陷入“遍地开花却收效甚微”的陷阱。

二、评估结论与优化方向建议

基于详尽的现状诊断与严谨的需求优先级排序，财务流程评估应输出清晰、可操作的结论与建议，为管理层决策提供坚实依据。结论需直指核心矛盾，明确当前流程在效率、风险控制与价值创造三个维度上的关键短板及其根源。

1. 核心评估结论提炼

（1）效率瓶颈显著。流程割裂（如A公司的销售—物流—财务信息孤岛）、手工操作繁重（依赖人工对账匹配）、系统自动化水平低下，导致关键财务周期（如开票周期、回款周期）远超行业基准，大量财务人力被束缚在低价值交易处理上。

（2）风险暴露突出。关键控制点失效或缺失（如信用审批流于形式、收款追踪被动）、职责不清、系统缺乏硬性控制与预警机制，使企业暴露于信用损失、资金短缺、合规违规及运营中断的高风险之下。

（3）决策支持薄弱。财务数据分散、口径不一、分析滞后，难以为业务单元提供实时、前瞻性的洞察（如客户信用动态、现金流预测），制约了财务向战略伙伴角色的转型。

2. 战略性优化方向建议

针对结论，提出具体、分阶段的改进路径如下。

（1）技术驱动流程自动化。优先部署或升级核心系统（如ERP信用管理模块、自动化对账工具），实现合同→发货→开票→收款全链路数据自动流转与匹配，大幅压缩操作周期，解放财务生产力。A公司的系统升级与仪表盘开发即为此例。

（2）“端到端”流程重构与协同。打破部门壁垒，设计跨职能无缝衔接的流程（如销售触发开票、销售承担回款首要责任），明确关键节点时效标准（如48小时开票）与责任人，建立统一数据平台支撑协作。

（3）强化控制与风险管理。嵌入硬性系统控制（如信用额度自动拦截），设立独立监督职能（如信用经理），制定标准化、阶梯化的主动管理机制（如催收政策、定期控制检视），构建风险预警指标体系。

（4）数据赋能价值创造。整合清洗财务与业务数据，利用财务BI[①]工具开发实时管理仪表盘，聚焦现金流预测、客户信用健康度、成本动因分析等，推动财务从记录历史转向驱动未来。

（5）实施路径规划至关重要。建议采取“短期速赢＋中期攻坚＋长期赋能”的递进策略。A公司优先通过流程整合（短期速赢）快速改善开票与催收效率；同步攻坚信用体系重建（中期攻坚）；最终依托系统升级实现全面自动化与数据洞察（长期赋能）。财务部门必须主导变革，联合信息技术、业务部门组建专项组，明确项目里程碑、资源配置和变革管理计划（沟通、培训、激励）。设定量化的关键财务指标（KPI）基线（如回款周期降至60天内）并持续监控优化成效，确保持续改进。

第二节　技术支持：系统引入与平台构建

企业财务数字化转型的核心引擎在于强大的技术支撑体系，涵盖系统选型、架构设计、部署实施到集成优化全流程。

一、财务系统选型与实施策略规划

系统选型应深度契合企业战略目标、业务规模、流程复杂度与合规要求。科学评估应涵盖功能匹配度（如总账、应收应付、成本管理、预算管控等）、技术架构（云端/本地部署、扩展性、安全性）、供应商服务能力、总体拥有成本（TC）及投资回报率（RI）。实施策略规划是成功落地的保障，需明确项目目标、范围、里程碑、资源分配、变革管理及风险评估。

华成制造公司作为年收入50亿元的中型制造企业，原有财务系统

① 财务BI是指专为财务领域设计的商业智能系统，用于数据分析、报表生成和决策支持。

分散孤立，月结耗时长、成本核算粗放、报表手工编制效率低下。其选型过程严谨：

（1）需求蓝图制定。通过跨部门协作识别关键痛点，重点强化成本核算精细化（支持订单和工序级别）、供应链数据整合、自动化报表生成及移动审批功能。

（2）市场初步筛选与详细评估。依据需求选定三家候选系统：用友、浪潮及金蝶云星空。该公司成立了由财务、信息技术和生产部门的核心成员组成评审团队，构建涵盖300多项功能的评分体系，涉及核心财务、成本控制、生产联动、平台可扩展性、实施策略和报价因素。

（3）沙盘模拟与最终决策。组织供应商进行针对性场景展示（如复杂物料清单成本计算、跨系统订单跟踪）。金蝶云星空因成本模块本地化适应能力与现有制造执行系统（MES）预置集成接口，以及更具竞争力的总成本（三年期）而脱颖而出。

（4）分阶段实施策略。采用“整体规划、分步上线”策略。一期聚焦总账、应收应付、资产模块及与MES的关键集成，确保新老系统平稳过渡；二期上线成本管理、预算模块，同步优化相关业务流程。设立由财务总监牵头，关键用户全程参与配置测试，并配套设计了覆盖全员的操作培训与激励方案。一期模块成功上线后，月结时间从7天缩短至5天，凭证自动化率提升至70%。在实施过程中，技术选型作为关键支撑，遵循了表7-3的原则。

表7-3　技术选型关键原则

原　　则	描　　述
业务驱动技术	选型始于清晰的业务痛点和目标
多维量化评估	建立结构化评分体系，避免主观偏好
TC深度分析	涵盖软件许可、实施费、定制开发、硬件/云资源、运维升级及内部人力投入

续上表

原　　则	描　　述
分阶段敏捷推进	降低风险，快速见效，持续优化
变革管理前置	用户参与、培训沟通缺一不可

二、平台架构对财务数据整合的支撑

现代财务平台架构（如微服务、中台化、云原生）是打破数据孤岛、实现“一个数据源”）的技术基础。其核心在于通过统一的数据总线、网关、主数据管理及数据仓库（湖），实现异构系统（费用控制等）间数据的实时（准实时）、标准化流动与整合。

仍以华成制造公司为例，该公司在实施金蝶云星空时，充分利用其云原生架构优势：

（1）统一主数据治理。在平台层建立严密的客户、供应商、物料、会计科目主数据管理体系，通过工作流驱动新增（变更）审批，确保各系统调用数据一致、准确。

（2）开放应用程序编程接口（API）集成中枢。通过平台内置的API网关和集成开发工具包：与MES系统实现实时生产工单报工、在制品状态同步，为成本实时归集提供基础；与客户关系管理系统对接，采购订单、收货单、发票信息自动流入应付模块，实现“三单”匹配自动化。与API系统集成，报销单、付款申请审批流无缝衔接，状态实时回写。

（3）财务数据仓库（湖）构建。抽取各业务系统（包括原遗留系统历史数据）的关键财务相关数据（交易级明细），在平台内构建财务数据湖，为多维度成本分析、盈利性预测等深度应用提供统一数据底座。这使得财务部门能快速响应业务部门关于特定产品线、客户群的精细化盈利能力分析需求。在数据集成与管理中，关键点总结见表7-4。

表 7-4 数据集成与管理关键点总结

关键点	描 述
架构先行	在规划阶段明确平台化、服务化的整合架构
主数据是根基	投入资源实现核心主数据的集中管理和高质量
API 经济	标准化、松耦合的 API 是实现敏捷集成的关键
数据湖赋能分析	集中存储明细数据，释放数据价值

三、技术部署与财务运营成本优化

系统部署阶段的技术策略（如云部署模式选择、自动化运维工具应用、资源弹性伸缩）直接影响硬件投入、运维人力及能耗等成本。优化目标是在保障性能、安全与可用性的前提下，最小化财务系统的运营成本。

仍以华成制造公司为例，该公司云端部署与自动化降本举措如下。

（1）消除基础架构投入。无须自购服务器、存储及网络设备，节省数百万元初期的资本性支出、机房空间及电力制冷成本。

（2）按需弹性伸缩。在月度结账、年度预算编制等高负载期间，自动按需扩展计算资源，高峰过后自动释放，仅按实际用量付费，显著优化资源利用率。相比传统自建机房的固定资源投入（常为满足峰值设计），云资源成本下降约 35%。

（3）自动化运维减负。云平台提供自动化的监控告警、备份恢复、补丁更新服务。华成信息技术团队无须投入专人进行底层基础设施运维，转而聚焦于财务业务应用层面的优化和支持，信息技术运维人力成本降低 30%。

（4）绿色节能。依托云服务商的大型数据中心集约化运营和高效冷却技术，相比自建小型机房，整体能耗大幅降低。此外，在云原生优化方面，表 7-5 中的优化策略进一步提升了效率和成本效益。

表 7-5　云原生优化策略

优化策略	核心优势	实施要点
拥抱云原生	显著降低 TC，提升敏捷性	采用“软件即服务”“平台即服务”模式
弹性即效益	按需付费降低成本	利用云弹性能力
自动化运维优先	降低错误率与人力成本	减少人工干预，提升效率
持续性能调优	避免资源浪费	监控资源使用，优化配置

四、系统集成提升财务处理效率

消除人工干预和重复录入的关键在于深度系统集成。通过工作流引擎、RPA、光学字符识别智能（CR）与核心财务系统的无缝集成，实现从交易发起、数据采集、验证、记账到报告的全流程自动化，极大提升效率与准确性。

仍以华成制造公司为例，该公司通过深度集成彻底改造报销流程如下。

（1）移动端“CR＋智能审单”。员工通过 App 拍照上传发票，集成高精度 CR 引擎自动提取发票关键信息（金额、税率、商品、开票方等），并与税务底账库实时查验真伪。系统内置的智能审单规则引擎（如公司费用政策、预算余额、发票连号检测）自动进行合规性初审，高风险或超标单据自动标记转人工复核。

（2）RPA 驱动记账与付款。审核通过的报销单，通过 RPA 机器人自动在财务系统生成预制凭证（借：费用科目/进项税额；贷：其他应付款——员工），提交财务人员一键过账。付款指令通过集成接口自动传递至网上银行系统，完成批量付款，付款结果状态自动回写更新。

（3）全流程闭环管理。员工可实时在 App 或个人电脑（PC）端追踪报销单状态（从提交、审核中、已付款到账）。该集成方案将报销处理周期从原来的两周以上缩短至 3 个工作日，财务审核工作量减少

65%，凭证自动化率达到92%，员工满意度显著提升。这些成果主要得益于流程自动化的核心特征，具体见表7-6。

表7-6 流程自动化核心特征

关键特征	描 述
端到端流程视角	集成设计覆盖从业务源头到财务结果的全链路，确保业务流程无缝衔接
智能技术融合	结合CR、规则引擎和RPA技术，消除人工操作瓶颈，提升效率
数据不落地	通过接口实现系统间数据直连，避免二次录入，保障数据安全和一致性
持续优化规则引擎	根据审计发现和政策变化动态更新自动化规则，确保流程适应性和合规性

五、平台化工具驱动财务流程重塑

现代财务技术平台不仅是支撑工具，更是流程创新的催化剂。低代码（无代码）开发能力、嵌入式分析、协同工作流引擎等平台化特性，使财务部门能快速响应业务变化，自主优化或重构流程，实现从"记录者"向"价值创造者"的转变。

仍以华成制造公司为例，该公司面对销售预测频繁调整导致预算编制滞后的问题，利用金蝶云星空的低代码平台和嵌入式分析能力。

（1）低代码敏捷开发预算应用。财务分析师（非专业信息技术人员）利用可视化拖拉拽工具，快速构建了一个轻量级的"滚动预测与预算监控"应用。该应用直接从财务数据湖中获取实际发生数，并与销售部门在客户关系管理系统中维护的最新预测数据（通过预集成API获取）进行实时关联。

（2）嵌入式分析与预警。在预算应用界面中，内嵌了交互式可视化图表，直观展示各产品线，区域内的实际金额、预算金额与最新预测金额对比得出差异金额。系统根据预设规则（如差异超±10%），自动触发预警消息，通过平台的工作流引擎推送至相关业务负责人及财务业务伙伴（财务BP）岗位的人员。

（3）协同工作流闭环。业务负责人收到预警后，可直接在应用内提交差异原因说明及调整建议（如需要申请预算调整），流程自动流转至财务业务合作伙伴和财务总监审批。审批通过的调整可快速更新到预算模型中。这使得华成制造公司能将预算回顾和调整周期从季度缩短到月度，极大地提升了预算对业务的指导性和资源配置的敏捷性。这个功能在表 7-7 中体现为“构建协同闭环”。

表 7-7　财务赋能功能点描述

功 能 点	描　述
赋能财务用户	提供低代码（无代码）工具，释放业务部门创新力
分析嵌入流程	将洞察直接置于业务执行环境中，驱动实时决策
构建协同闭环	集成工作流，促进财务与业务的高效协作与反馈
迭代式优化	鼓励小步快跑，持续改进流程和工具

系统引入与平台构建是财务数字化转型的技术骨架。实践表明：以业务价值为锚点进行科学选型与规划，构建灵活开放、支撑数据整合的平台架构，选择经济高效的部署方式，通过深度集成实现关键流程自动化，并充分利用平台化能力驱动流程敏捷创新，是释放技术潜能的关键路径。华成制造公司的案例深刻诠释了技术不仅是效率提升的工具，更是财务职能转型和赋能业务的核心驱动力。企业需将技术战略与财务战略深度融合，方能构建面向未来的智慧财务能力，在数据驱动的商业环境中赢得竞争优势。

第三节　协同增效：跨部门整合与持续改进

现代企业的高效运营日益依赖于打破部门壁垒，实现资源、信息与行动的无缝协同。本节聚焦五大核心策略，通过理论阐述、实战案例与系统方法，展现如何构建跨部门协同机制，驱动财务精细化管理与持续价值创造。

一、多维度协同预算与滚动机制优化

传统预算常因部门割裂、数据滞后导致资源配置僵化。多维度协同预算强调战略、业务、财务部门深度联动，结合滚动预测机制，实现资源分配的动态调整与前瞻响应。其核心在于建立统一目标、共享数据平台与常态化的跨部门对话机制。

仍以华成制造公司为例，该公司原有预算编制由财务部主导，业务部门被动参与，数据来源分散，季度预测偏差率常超20%。管理层决定推行“多维协同滚动预算”改革，具体措施如下。

（1）顶层设计。成立由财务、战略、销售、生产、采购负责人组成的预算委员会，明确公司级战略目标与KPI。

（2）流程再造。

自下而上：销售部门基于市场预测、历史数据与客户订单，滚动提交未来12个月分产品、分区域的销售预测（每月更新）。

产销协同：生产部门根据销售预测、产能规划及库存目标，滚动编制生产计划与物料需求计划，采购部门据此更新采购预算。

财务整合：财务部整合所有业务计划，运用统一模型生成损益、现金流、资产负债滚动预测，并分析关键假设与风险点。

闭环评审：预算委员会每月召开跨部门会议，审议预测数据，分析偏差根源（如市场波动、供应链瓶颈），共同制定调整策略（如促销方案、产能调配、付款节奏优化）。

（3）系统支撑。部署集成化预算管理软件，打通ERP、客户关系管理系统数据，实现销售订单、生产工单、采购订单与财务数据的实时联动。

这些措施实施六个月后，企业产品季度预测偏差率降至8%以内，库存周转率提升15%，因供应链问题导致的停工损失减少30%。预算从“财务控制工具”转变为驱动业务决策与资源优化的“管理导航仪”。这些成效是通过构建高效多维度协同滚动预算体系实现的，其关键步骤详见表7-8。

表7-8　构建高效多维协同滚动预算体系的关键步骤

关键步骤	具体实施要点
组织保障	成立高层级预算委员会；明确各部门预算角色与责任；建立跨部门沟通协调机制
目标协同	将公司战略目标逐层分解为部门、产品、区域等可操作的业务与财务目标
流程设计	设计“自下而上”与“自上而下”相结合的编制流程；明确滚动预测周期（如月度/季度滚动12～18个月）；设定数据提交、整合、评审时间节点
数据集成	统一数据定义与口径；利用信息化平台（如EPM系统）实现业务系统与财务系统的数据自动拉取与整合
动态评审与调整	定期（如每月）召开跨部门预测评审会；聚焦关键驱动因素与重大偏差分析；集体决策调整方案
考核挂钩	将滚动预测准确率、关键业务假设达成情况纳入相关部门绩效考核

二、业财融合的现金流精细管控

现金流是企业生存的命脉。业财融合下的现金流管理要求财务部门深入理解业务模式和运营细节，将现金流预测、监控与优化嵌入到销售、采购、生产、投资等核心业务流程中，实现“业务发生即触发财务管控”。

某B2C电商平台面临现金流波动大、备付金压力重的问题。财务部联合业务团队启动精细化现金流管理，措施如下。

业务动因拆解

财务团队深入业务，识别影响现金流的核心动因：商品交易总额增长、促销活动强度、平台商户账期（$T+N$）、用户支付方式比例

（信用卡、借记卡、第三方支付，影响手续费与到账时间）、仓储物流付款周期、营销费用投放节奏、固定资产投入。

构建融合模型

开发动态现金流预测模型，将上述业务动因量化输入。

（1）销售端：基于促销日历、用户支付数据，预测每日（周）收款金额与结构。

（2）采购端：结合销售预测与库存策略，预测商品采购付款需求及供应商账期。

（3）费用端：按部门、按项目细化营销、研发、管理费用支出计划。

（4）资本端：明确重大投资项目付款节点。

建立预警机制

设定关键阈值（如最低安全现金余额、备付金覆盖率），系统自动触发预警。例如，当预测显示未来30天因大促销备货导致现金流出激增，可能触及安全线时，系统提前15天预警。

协同优化行动

预警触发跨部门应急会议，相关部门措施如下。

（1）业务侧：与头部供应商协商临时延长部分账期；优化大促销选品结构，增加高周转商品占比。

（2）财务侧：加速应收账款催收（重点跟进平台商户结算）；动态调整短期理财赎回计划；与银行沟通临时授信备用。

（3）技术侧：优化支付路由，引导用户使用到账更快、手续费更低的支付方式。

在一年内，该电商平台现金流预测准确率提升至85%，成功规避了三次潜在的流动性危机，备付金占用降低20%，并通过优化支付和账期管理，年均节约财务费用超千万元。相关核心措施详见表 7-9。

表 7-9　业财融合下现金流精细管控的核心措施

核心措施	具体实施要点
深度业务渗透	财务 BP 深入业务单元；共同梳理影响现金流的业务场景、流程节点与关键变量
动因驱动预测	构建基于业务动因（销售、采购、费用、投资）的滚动现金流预测模型；实现日（周、月）多维度预测
全流程嵌入监控	在合同审批（关注付款条款）、采购下单、销售出库、费用报销等环节嵌入现金流影响评估
智能预警干预	设定多层级现金流预警指标（安全线、警戒线）；建立系统自动预警与分级响应流程
跨部门协同优化	建立现金流联席会议机制；针对预警或异常，业务、财务、供应链等共商解决方案（如账期谈判、收款加速、支出调整）
绩效考核挂钩	将现金流指标（如经营性现金流净额、现金周转天数）纳入相关业务部门及财务的考核体系

三、跨职能成本动因分析与降本增效

传统成本控制常限于削减显性费用或局部优化。跨职能成本动因分析则要求跳出单一部门视角，联合研发、设计、采购、生产、物流、销售等部门，共同识别驱动成本的根本因素（动因），从源头和全流程进行系统性成本优化。

某物流集团面临燃油价格上涨、人力成本攀升的压力，亟须系统性降低干线运输成本。集团组建跨部门专项组（含网络规划、运输管理、车辆技术、采购、财务），采取以下措施。

成本结构分解与动因识别

将干线运输总成本拆解为：燃油费、路桥费、司机薪酬、车辆相关费用（折旧/租赁、维修保养、保险税费、管理费分摊）。通过鱼骨图、流程梳理，识别核心动因：

（1）燃油费：油耗水平（百公里油耗）、行驶里程、路线规划效率、油价。

（2）路桥费：行驶路线选择（高速占比）。

（3）司机薪酬：行驶里程、等待（装卸）时间、激励机制。

（4）车辆相关费用：车型选择与配置、车辆利用率（装载率、空驶率）、维保策略。

跨职能根本原因分析与方案制定

（1）“网络规划＋运输管理”：应用智能路径规划系统，优化全国干线网络，减少迂回运输，提升直线比例；推广“重去重回”模式，降低空驶率（目标：空驶率降低五个百分点）。

（2）“车辆技术＋采购”：推动老旧高油耗车辆的淘汰，批量采购新型节能牵引车；试点安装车联网设备，实时监控驾驶行为（急加速、怠速）并反馈指导；优化集中采购轮胎、机油等耗品。

（3）“运输管理＋人力资源”：优化排班与调度，减少司机无效等待时间；推行“节油驾驶”竞赛与奖励制度，将油耗指标与司机绩效挂钩。

（4）财务领域与信息技术的深度融合：搭建成本动因监控仪表盘，实时跟踪百公里油耗、空驶率、装载率、单位里程成本等核心指标。

试点推广与持续迭代

在华东区域试点三个月，验证措施有效后推广至全国。集团持续收集数据，每季度进行跨部门复盘，寻找新的优化点（如探索甩挂运输、公铁联运）。

项目实施一年后，集团整体干线运输成本下降 8.2%，其中燃油成本下降 12%（源于油耗降低和路线优化），车辆利用率提升带来折旧（租赁）成本相对降低。司机人均效率提升，薪酬结构更合理。这些成效是通过表7-10中的跨职能成本动因分析与降本增效实施框架实现的。

表7-10 跨职能成本动因分析与降本增效实施框架

实施阶段	关键任务与跨职能协作要点
成本分解与动因识别	财务牵头，联合业务部门全面分解成本结构；运用价值链分析、流程梳理、鱼骨图等方法，共同识别影响成本的关键业务活动与驱动因素
根本原因分析与方案共创	针对关键成本动因，组织跨职能工作坊（如研发、设计、采购、生产、物流、销售、财务）；深入探究根本原因；集体头脑风暴优化方案，评估可行性及预期效益
方案设计与试点	制定详细的实施方案、责任部门、时间表与资源需求；选择代表性业务单元或产品线进行小范围试点；建立数据追踪基线
推广实施与监控	基于试点效果调整方案，制订推广计划；部署成本动因监控系统（仪表盘），实时跟踪关键绩效指标（如单位产品能耗、物料损耗率、工时效率）
持续改进闭环	建立季度（半年）度跨部门成本复盘机制；分析监控数据，评估措施效果；识别新的成本优化机会点；将有效实践标准化、制度化

四、财务流程再造与风险协同控制

传统财务流程常存在冗余、断点、手工操作多，效率低下且风险点分散等问题。流程再造旨在以客户（内外部）为中心，利用技术手段，整合、简化、自动化端到端的财务流程。风险协同控制则强调在流程再造中嵌入风险管理，由财务主导，联合内控、审计、信息技术及业务部门，共同识别、评估和管控流程中的关键风险。

某跨国制造企业原有P2P流程高度依赖手工操作，发票处理周期长，供应商投诉多，且存在重复付款、虚假发票风险。公司启动跨部门P2P再造项目（财务、采购、信息技术、内控、法务），具体措施如下。

现状诊断与痛点梳理

绘制详细现状流程图，识别痛点：采购订单、收货单与发票“三单”匹配（采购订单、收货单、发票）手工操作烦琐、耗时长；非采购订单采购管理混乱；供应商主数据分散且错误率高；付款审批链条长；缺乏有效的风险筛查。

目标流程设计

（1）源头协同。强制推行利用采购订单进行采购，要求供应商在系统中创建发票时必须关联有效订单。

（2）自动化匹配。部署“智能捕获识别＋指代人工智能技术”发票识别系统，自动抓取发票信息，与系统中的采购订单、收货单与发票进行“三单”自动匹配（匹配规则由财务、采购、信息技术部门共同制定）。

（3）非采购订单的管控：设计标准化“紧急采购申请”电子流程，嵌入预算控制和审批规则。

（4）供应商主数据治理：建立唯一、权威的供应商主数据中心，由采购部门录入、财务部门审核。

（5）智能风控嵌入：在流程关键节点嵌入风控规则。

（6）发票录入时自动连接第三方数据库校验供应商信息真实性、黑名单筛查。

（7）付款前系统自动扫描同一供应商、相同金额（日期）的重复发票；对大额、异常交易触发额外审批或警示。

（8）引入区块链技术用于关键供应商的合同存证与付款状态共享。

系统实施与角色调整

上线新的P2P平台（集成企业资源计划、主数据管理、客户关系管理、风控引擎）后，财务人员角色从手工处理转向处理系统例外事项（如匹配失败的发票）、规则维护客户关系管理及风控分析。

持续监控与优化

建立流程绩效仪表盘（处理时效、匹配率、首次付款准确率、风险事件数量）；定期（季度）由财务、内控、采购联合审查流程执行情况与风控效果。

该跨国制造企业新流程上线后，发票处理时间缩短70%，“三单”匹配自动化率达92%，首次付款准确率提升至99.5%，成功拦截多起潜在的供应商欺诈和重复付款风险。供应商满意度显著提升，财务部门得以释放更多精力支持业务决策。这些成效的实现依赖于财务流程再造与风险协同控制的关键要素，具体见表7-11。

表7-11　财务流程再造与风险协同控制关键要素

关键要素	协同控制要点与具体方法
跨职能流程规划	成立财务、业务、信息技术、内控（风控）部门人员及法务代表组成的流程优化小组；共同绘制现状图，设计未来图
风险点协同识别	在流程设计阶段，各职能代表共同识别各环节潜在操作风险、合规风险、欺诈风险、系统风险。
风控措施嵌入式设计	将审批规则、职责分离、数据验证规则、自动化控制（如系统匹配）、关键控制点直接嵌入到新流程设计中。利用RPA、人工智能、区块链等技术实现自动化风控
数据治理与系统集成	建立统一、准确的主数据（供应商、客户名称，物料清单及会计科目）管理机制；确保流程涉及系统（ERP、采购、报销、资金等）高效集成，数据同源
角色转型与职责明确	清晰定义流程中各参与方的职责（尤其风险监控职责）；推动财务人员从交易处理转向流程监控、例外管理与决策支持
持续监控与联合审计	建立流程绩效与风险指标看板；定期（如半年）进行跨部门流程与内控有效性评估；内审部门将再造流程纳入重点审计范围

五、资源配置效能评估与闭环改进

资源配置的优劣直接决定战略落地的成效。效能评估需超越简单的预算执行率分析，构建多维度、前瞻性的指标体系，衡量资源投入（人、财、物、时间）与战略目标达成、业务价值创造、运营效率提升之间的关联度。闭环改进则要求建立评估结果反馈机制，驱动资源配置策略的持续动态优化。

某大型医药医疗集团每年投入巨额研发资金，但缺乏科学有效的项目评估机制，难以判断资源投入的真实效能。集团财务部联合战略部、研发中心、市场部启动项目资源效能评估。

建立评估框架与指标体系

（1）战略契合度：项目与公司整体治疗领域战略、技术路线图的匹配程度（专家评分）。

（2）财务回报：净现值（NPV）、内部收益率（IRR）、投资回收期（动态）、预计市场份额与峰值销售额（基于市场模型）。

（3）科学价值：专利产出数量与质量、核心论文发表、对平台技术的贡献度（专家评审）。

（4）研发效率：关键里程碑达成率（按时/提前/延迟）、单位时间（资金）投入的产出物（如候选化合物筛选数、临床试验入组速度）、预算执行偏差率。

（5）风险水平：技术风险、临床风险、注册风险、市场风险的评估等级与变化。

数据收集与多维度分析

（1）收集项目全生命周期数据（立项报告、预算、进度、专利、论文、市场预测模型、风险管理日志）。

（2）财务部主导财务模型计算与偏差分析；研发中心提供技术进

展与风险评级；市场部更新市场预测；战略部组织专家评审战略契合度与科学价值。

（3）采用综合评分卡，对项目进行多维度量化评分与定性评价。

深度归因分析与洞察输出

（1）对比分析高（低）效能项目在资源配置（人员结构、资金分配节奏）、管理方式（决策机制、沟通效率）、技术路径选择等方面的差异。

（2）识别影响效能的关键成功因素（如核心技术平台复用率、项目团队经验组合、外部合作效率）与失败教训（如立项时市场预测过于乐观、关键人才流失、风险管理不足）。

闭环反馈与配置优化

（1）驱动决策：形成年度《研发项目资源效能评估报告》，提交集团管理层与研发决策委员会。

（2）战略层面：调整未来研发重点领域；优化研发管线组合策略（如增加早期探索性项目比重）。

（3）资源层面：优化预算分配模型（向高潜力领域、高效能团队倾斜）；改进人员招聘与培养策略（如加强特定技术领域人才储备）。

（4）流程层面：完善立项评估标准（强化市场验证、风险评估）；优化项目过程监控与关键里程碑评审机制；建立跨项目知识共享平台。

将效能评估结果作为后续项目资源配置的重要输入。

该体系运行两年后，集团研发管线中高潜力项目的占比提升约18％，平均项目周期缩短10％，因市场前景变化或技术失败导致的晚期项目终止损失减少25％。资源配置决策更具前瞻性和数据支撑。具体实施路径见表7-12。

表 7-12　资源配置效能评估与闭环改进实施路径

实施环节	核心内容与协同要点
定义评估目标与维度	明确评估目的（优化配置、提升 RI、支撑战略）；联合战略、业务、财务确定评估维度（战略、财务、运营、风险、创新等）；设计量化与定性结合的指标体系
构建数据基础	整合财务系统、业务系统、项目管理系统数据；建立统一的数据仓库或分析平台；明确数据责任部门与采集规范
多维度效能分析	运用综合评分卡、投入产出分析、标杆对比、归因分析等方法进行深度评估；组织跨部门研讨会解读数据，挖掘根因
洞察提炼与报告	形成结构化评估报告，清晰呈现效能水平、关键发现、成功要素、存在问题及归因分析；突出资源配置与业务成果的关联性
驱动决策与配置优化	将评估结果作为战略调整、预算分配、项目筛选（终止）、组织架构优化、流程改进的核心输入；管理层基于评估洞察做出资源配置决策
闭环追踪与迭代	跟踪资源配置调整后的效果；将新一轮的资源配置结果纳入下一周期评估；根据评估实践持续优化指标体系与方法论

协同增效是现代企业财务管理的核心命题。通过多维协同预算与滚动机制，企业能动态响应市场，优化资源分配；业财融合的现金流管控将财务视角深度植入业务运营，保障生命线安全；跨职能成本动因分析推动降本从局部走向全局、从表层深入根源；财务流程再造与嵌入式风控则在提升效率的同时筑牢风险防线；资源配置效能评估与闭环改进则确保宝贵的资源持续流向价值创造效率最高的领域。这五大策略环环相扣，其成功实施均高度依赖于打破部门藩篱、构建基于共同目标与信任的深度协同机制，并辅以强大的数据支撑与流程保障。唯有如此，企业才能在复杂多变的环境中实现财务与业务的同频共振，驱动可持续的高质量发展。

第八章 内部控制与风险管理

内部控制与风险管理是企业保障财务准确性、防范经营风险、提升运营效率的重要手段。内部控制主要通过制定完善的制度、明确岗位职责、设置权限分级等措施，确保企业财务数据的真实性、完整性，同时防止舞弊和资源浪费。风险管理则是对潜在风险进行识别、评估和应对，帮助企业在复杂多变的环境中保持稳健发展。

第一节　内控重要性：企业合规的重要保障

在2021年至2024年期间，V公司由于内部控制的缺失，出现了以下问题。

（1）收入确认不当。公司未能准确地按照收入确认原则记录收入，导致部分收入提前或延后确认，影响了财务报表的真实性和准确性。

（2）成本和费用管理混乱。由于缺乏有效的成本控制和费用审核机制，公司出现了大量不必要的支出，以及一些费用的不当报销，增加了公司的运营成本。

（3）税务申报错误。由于财务记录的不准确，公司多次在税务申报时出现错误，包括但不限于增值税、企业所得税等，让公司面临罚款和滞纳金的处罚。

（4）内部审计缺失。公司没有设立内部审计部门，也未定期进行内部审计，使得管理层无法及时发现和纠正问题，增加了企业风险。

（5）资金管理不善。公司资金流动缺乏有效监管，导致资金使用效率低下，甚至出现了挪用资金的情况。

由于上述问题，V 公司在 2024 年遭遇了以下后果：

（1）财务报告被出具保留意见的审计报告，影响公司的信誉和投资者信心。

（2）遭受税务机关的处罚，罚款和滞纳金累计高达数百万元。

（3）部分关键员工因内部控制问题而离职，影响了公司的稳定运营。

（4）银行和投资者对公司的信贷和投资持谨慎态度，导致融资成本上升。

为了解决内部控制缺失导致的财税合规问题，V 公司采取了以下措施：

（1）建立健全内部控制体系。公司聘请了专业咨询机构，对现有的内部控制流程进行梳理和优化，确保符合企业实际运营需求。

（2）强化财务管理和税务合规。公司加强了财务部门的建设，聘请了经验丰富的财务人员，并定期进行财税知识培训。

（3）设立内部审计部门。公司成立了内部审计部门，定期对公司财务和运营活动进行审计，及时发现并纠正问题。

（4）加强资金管理。公司优化了资金管理流程，确保资金使用的合规性。

（5）增加信息透明度。公司加强了与税务机关、审计机构和投资者的沟通，提高了信息透明度，增强了各方的信任。

通过上述措施，V 企业逐步解决了内部控制缺失导致的财税合规问题，恢复了公司的正常运营，并为未来的可持续发展奠定了基础。

上述案例中，V 公司之所以可以实现财税合规，主要解决内部控制缺失的处理，如图 8-1 所示。

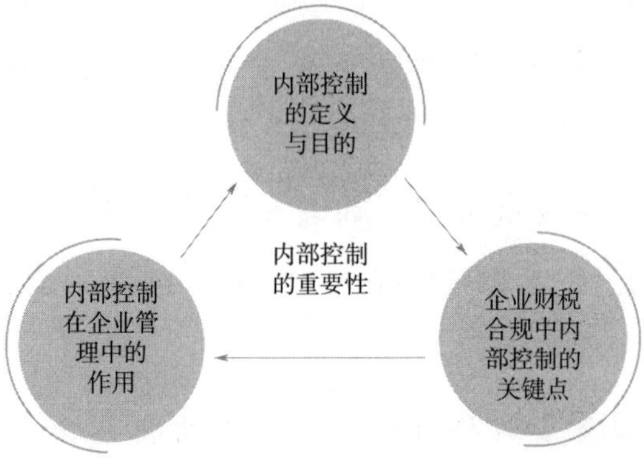

图 8-1　内部控制的重要性

一、内部控制的定义与目的

内部控制是指企业为了提高经营效率、确保财务报告的可靠性、遵守相关法律法规及促进企业战略目标的实现而采取的一系列政策和程序。其核心目的在于通过规范企业内部操作流程，减少错误和舞弊行为，从而保障企业资产的安全和完整，提升企业的整体运营效能。

内部控制不仅限于财务领域，它还涉及企业的各个层面，包括运营控制、合规控制及信息系统的安全控制。通过有效的内部控制，企业能够及时纠正偏差，防止资源浪费和损失，确保企业资源得到合理和高效的利用。此外，内部控制还能增强企业对外部环境变化的适应能力，提高企业的市场竞争力。

内部控制的实施需要全员参与，从高层管理人员到基层员工，每个人都应承担起相应的责任。企业应定期对内部控制体系进行评估和审查，确保其持续有效，并根据内外部环境的变化进行必要的调整和优化。通过这样的方式，企业能够建立起一个动态的、自我完善的内部控制机制，为企业的长远发展奠定坚实的基础。

二、内部控制在企业管理中的作用

内部控制不仅有助于企业及时发现和纠正错误，防止资源的浪费，还能够增强企业对外部环境变化的适应能力。通过有效的内部控制，企业能够确保各项业务活动按照既定的规则和程序进行，从而提高决策的准确性和效率。此外，良好的内部控制体系还能增强投资者和公众对企业财务报告的信任度，提升企业的市场形象。

首先，内部控制能够帮助企业建立一套完善的内部监督机制，通过明确职责分工、规范操作流程、强化风险评估和监控，从而降低操作风险和财务风险。这种机制能够确保企业资源得到合理配置和有效利用，避免因管理不善导致的损失。

其次，通过内部控制流程的优化，企业能够减少不必要的步骤和环节，简化工作流程，提高工作效率。同时，内部控制还能够促进信息的透明化与共享，使管理层能够及时获取关键信息，作出更加明智的决策。

再次，在法律法规日益严格的今天，企业必须确保其业务活动符合相关法律法规的要求。内部控制能够帮助企业建立合规管理体系，确保企业运营的合法性，避免因违规操作而受到法律制裁。

最后，通过内部控制，企业能够识别、评估和应对各种内外部风险，包括市场风险、信用风险、经营风险等。通过制定相应的风险应对策略和措施，企业能够降低风险发生的可能性，减少潜在的损失。

三、企业财税合规中内部控制的关键点

在企业财税合规方面，内部控制的关键点包括确保交易记录的准确性、合规性及财务报告的透明度。企业需要建立严格的审批流程和授权机制，确保每一笔交易都有明确的记录和合理的解释。同时，企

业应定期进行内部审计，检查财务数据的真实性和合规性，及时发现并纠正可能存在的问题。此外，企业还应关注税法的变化，确保税务处理的正确性，避免因税务违规而受到处罚，影响企业的正常运营和声誉。

1. 确保交易记录的准确性

企业必须建立一套完善的会计记录系统，对所有交易活动进行详细记录，包括但不限于销售、采购、资金流动等。这些记录不仅需要反映交易的经济实质，还必须符合会计准则和相关法规要求。企业应通过设置明确的职责分工，比如将交易的执行、记录和审核职责分离，来降低错误和舞弊的风险。此外，企业还应定期对会计记录进行对账，确保账面数据与实际业务活动相符。

2. 确保交易记录的合规性

企业需要确保所有交易和财务活动都遵循国家的财税法律法规。这包括但不限于税法、会计准则等。企业应建立合规检查机制，对所有财务活动进行定期审查。同时，企业还应关注税法的变化，及时调整税务策略和会计处理方法，以避免因税务违规而受到处罚。

3. 确保财务报告的透明度

企业应确保其财务报告的真实、完整、准确，这不仅要求企业遵守会计准则，还要求企业披露所有重要的财务信息，包括潜在的风险和不确定性。真实、完整、准确的财务报告可增强投资者、债权人和其他利益相关者的信心，同时也有助于企业自身进行有效的决策。

第二节　风险管理：评估与风险应对

财税合规与风险管理之间存在着直接影响关系，财税合规的企业一定十分重视风险管理；风险管理做得好的企业往往更容易做到财税合规。为了有效发挥风险评估与管理在财税合规中的作用，我们应该对其进行深入的分析与掌握，如图 8-2 所示。

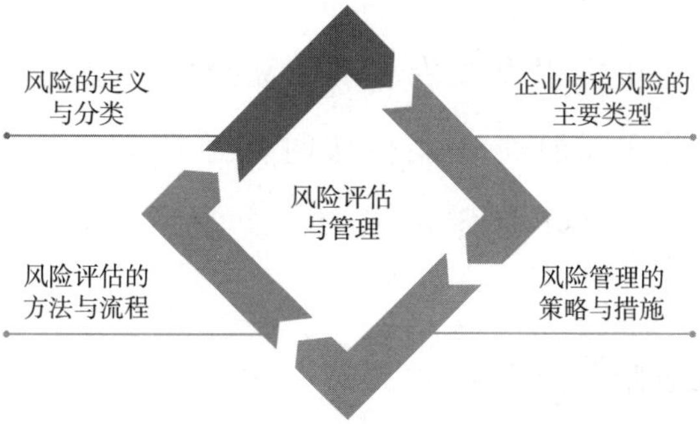

图 8-2　风险评估与管理

一、风险的定义与分类

风险是指企业在运营过程中，存在很多不确定的因素，可能会导致财务状况出现不良变动或损失。

风险一般被分为两大类：系统性风险和非系统性风险。系统性风险是指对整个市场环境或经济体系都有影响的风险，如经济衰退、政策变动等，这些都是处于经济市场的企业应对的风险；非系统性风险是指针对特定行业或企业的风险，如竞争对手的格局变化、企业内部的技术革新等，这些往往只有某些或某个企业需要应对和处理。

二、企业财税风险的主要类型

企业财税风险主要涉及税务合规、财务报告、资金流动和成本控制等方面，不同类型的风险详情如下。

税务合规风险指的是企业可能因不了解或不遵守税法规定而面临罚款或法律责任。这不仅包括直接违反税法的，还可能涉及对税法解释的误解或忽视，从而导致企业承担过高的成本或遭受税务审计时产生不利后果。

财务报告风险则与企业财务报表的准确性和透明度有关，错误或虚假的财务信息可能导致投资者和监管机构的不信任。这不仅影响企业的市场信誉，还可能引发股价波动，甚至导致法律诉讼。

资金流动风险关系到企业能否按时偿还债务、支付员工工资和投资新项目。资金流动的不稳定可能会使企业陷入财务困境，影响其长期发展。

成本控制风险则涉及企业能否有效管理其运营成本，以保持竞争力。在成本控制方面，企业需要不断优化供应链管理，减少浪费，提高效率，确保在激烈的市场竞争中保持成本优势。

三、风险评估的方法与流程

某企业为了确保运营的合法性和稳健性，决定引入一套风险评估方法和流程，以实现全面的财税合规管理。该企业所面临的挑战如下：

（1）法规更新迅速。财税法规不断更新，企业需要及时掌握并适应这些变化，避免违规风险。

（2）业务复杂性增加。随着业务的多元化，涉及的财税问题也更加复杂，增加了合规难度。

（3）内部控制不足。公司原有的内部控制体系不够完善，难以覆盖所有财税合规的关键点。

（4）资源有限。企业内部缺乏专业的财税合规团队，无法全面应对财税合规问题。

基于上述挑战，该企业也制订了相应的解决方案：

（1）引入风险评估。该企业决定采用预算差异分析、敏感性分析等风险评估方法，对自身的风险进行全面评估。

（2）建立风险评估流程。企业设计标准化的风险评估流程，包括风险识别、风险分析、风险评价、风险应对和风险监控。

（3）培训和文化建设。企业对全体员工进行财税合规和风险评估的培训，提高员工的合规意识，并将合规文化融入企业价值观。

（4）引入专业团队。企业聘请财税合规专家，组建专门的财税合规团队，负责风险评估的实施和监督。

（5）利用技术手段。公司投资财税管理软件，通过自动化工具监控和防范风险。

上述风险评估方法和流程的顺利实施，帮助企业成功地识别并解决了诸多潜在的财税合规问题。同时，通过有效的风险评估，既降低了运营风险，也提高了风险管理的效率，同时也让更多员工意识到合规的重要性。

那么，我们可以选择哪些风险评估方法，设计怎样的风险评估流程呢？

1. 财税风险评估的方法

在进行财税风险评估时，企业首先要了解和掌握评估方法，如财务比率分析、现金流量分析、预算差异分析及敏感性分析等都是很有效果的方法。

财务比率分析通过计算和比较企业的流动比率、速动比率、负债比率等关键财务指标，评估企业的偿债能力、运营效率和财务杠杆水平。

现金流量分析关注企业的现金流入和流出情况，确保企业有足够的现金来应对日常运营和长期投资。

预算差异分析是指通过对比实际业绩与预算目标之间的差异，来揭示潜在的风险点和管理上的不足。

敏感性分析通过模拟不同经济环境和业务条件下的财务表现，来评估企业对市场波动的敏感程度和风险承受能力。

2. 财税风险评估的流程

财税风险评估并没有固定的流程，企业可以根据实际需求进行设计。一般情况下，该流程包括明确评估目标和范围、收集和整理相关财务数据与信息、运用财税风险评估方法进行数据分析、制定风险应对策略、报告评估结果与建议、监督实施情况等步骤，各环节的工作内容如下。

(1) 明确评估目标和范围。

时间跨度：确定评估的时间跨度，如短期（一年内）、中期（一至三年）或长期（三年以上）。

涉及的财务领域：明确评估将涵盖哪些财务领域。例如，资产负债表、利润表、现金流量表等。

评估的具体内容：具体确定评估的内容包括收入、成本、利润、现金流等。

(2) 收集和整理相关财务数据与信息。

历史财务报表：搜集过去几年的财务报表，包括资产负债表、利润表和现金流量表等。

预算报告：获取公司当前和未来几年的预算报告，了解预算编制的合理性和执行情况。

市场分析报告：收集行业报告、市场趋势分析、竞争对手情况等，评估外部环境对公司财务的影响。

其他相关信息包括税务合规文件、审计报告、内部控制评估报告等。

（3）运用财税风险评估方法进行数据分析。

定量分析：运用统计和财务分析方法，如比率分析、趋势分析、敏感性分析等，识别潜在的财务风险。

定性分析：通过专家意见、管理层访谈等方式，评估公司内部控制、政策和程序的有效性，以及潜在的非财务风险。

（4）制定风险应对策略和措施。

风险转移：通过购买保险、签订合同条款等方式，将部分风险转移给第三方。

风险规避：调整业务策略或操作流程，避免高风险的业务或活动。

风险控制：制定内部控制措施，如建立风险预警系统、加强审计和监督等，以降低风险发生的可能性和影响。

（5）报告评估结果和建议。

撰写报告：将评估结果和分析过程详细记录在报告中，包括风险识别、量化结果和应对策略。

提交报告：将评估报告提交给公司高层管理人员，确保他们了解当前的财税风险状况。

（6）监督实施情况。

制定监督计划：根据评估结果和建议，制定具体的实施计划和时间表。

定期检查：定期检查风险应对措施的执行情况和效果，确保风险得到有效管理。

持续改进：根据内外部环境的变化和实施情况，不断调整和优化风险应对策略。

四、风险管理的策略与措施

在风险管理方面，企业可以采取多种策略和措施，以确保其业务的稳健运行和财务的稳定。这不仅涉及对现有风险的识别和评估，还包括制订有效的应对计划和预防措施。以下是几个关键的策略和措施，可以帮助企业在面对不确定性和潜在威胁时保持竞争力和财务健康。

1. 建立完善的内部控制体系

企业需要构建一个全面的内部控制体系，包括明确的政策和程序，以及确保这些政策和程序得到有效执行的监督机制。通过内部控制，我们能够及时发现和纠正错误，防止舞弊行为，从而保护资产安全，提高运营效率。

2. 多元化投资和资金管理策略

想要降低市场波动和特定行业风险的影响，企业可以考虑实施多元化投资策略。比如，金融资产的投资、产品线、市场和供应链的多元化。同时，我们也需要合理安排资金流动，保持良好的现金流状况，确保企业能够应对诸多的突发事件。

3. 利用保险等金融工具转移风险

保险是一种有效的风险转移工具。除了保险，企业还可以通过期货、期权等衍生金融工具来对冲风险，从而在一定程度上锁定成本和收益，减少不确定性。

4. 定期组织财税培训

定期组织财税培训，不仅能够提高员工的风险意识，还可以帮助他们更好地了解企业的财务状况，有利于风险控制。

5. 建立风险预警机制

通过建立一套有效的风险预警系统，企业能及时发现潜在的风险信号，迅速作出反应，采取措施以避免或减少损失。

第三节　合规性检查：持续改进与优化

Z企业在最近一段时间内，财税管理上的漏洞逐渐显现，导致问题频发。企业高层意识到，如果不重视财税合规性检查与改进，将面临巨大的法律风险和经济损失。因此，Z企业决定采取一系列措施，确保企业的财税合规性。

建立合规性检查机制

（1）成立合规性检查小组。Z企业成立了由财务、法务、审计等部门组成的合规性检查小组，负责定期对企业的财税活动进行审查。

（2）制订合规性检查计划。检查小组制订详细的合规性检查计划，包括检查内容、时间安排、责任人等，确保检查工作的有序进行。

（3）引入第三方审计机构。为确保检查结果的客观性和公正性，Z企业聘请了第三方审计机构参与对企业财税活动的全面审查。

改进财税管理流程

（1）优化财务核算体系。Z企业对财务核算体系进行优化，确保各项财务数据的准确性和完整性。同时，加强了对财务人员的培训，提高其专业素质。

（2）规范发票管理。Z企业制定了严格的发票管理制度，对发票的领用、开具、审核、归档等环节进行规范，确保发票的真实性和合规性。

（3）加强税务规划。Z企业聘请了专业的税务顾问，对公司的业务进行税务规划，同时确保税务合规。

加强内部控制与风险管理

（1）建立内部控制体系。Z企业建立了完善的内部控制体系，对各项业务流程进行规范，降低合规风险。

（2）开展风险管理评估。Z企业定期开展风险管理评估，识别潜在的合规风险，制定相应的应对措施。

（3）建立应急预案。为应对可能出现的问题，Z企业制订应急预案，确保在面临问题时能够迅速、有效地应对。

经过一系列的检查与改进措施，Z企业的财税合规得到了显著提升。具体成果如下。

（1）财税风险大幅降低。通过财税检查与改进，Z企业成功识别并解决了多项财税风险，确保了企业的稳健运营。

（2）税务合规性提高。通过规范发票管理和加强税务规划，Z企业的税务合规性得到了显著提升，避免因税务问题导致的罚款和损失。

（3）企业形象与信誉提升。合规性检查与改进提高了Z企业的企业形象与信誉，赢得了客户和合作伙伴的信任，为企业的长远发展奠定了坚实基础。

Z企业的案例表明，重视合规性检查与改进对于企业实现财税合规具有重要意义。通过建立合规性检查机制、改进财税管理流程、加强内部控制与风险管理等措施，企业可以有效降低财税风险，提高税务合规性，从而为企业的稳健发展提供有力保障。

一时的合规并不能满足企业的长期目标，为了保持财税工作能够长期稳定地处于合规状态。在实现合规后，企业还需要进行持续的检查与改进。为此，我们需要明确合规性检查的内容和程序、发现合规性检查中的常见问题、明确合规性检查后的改进措施、制定合规性持续改进的策略，如图8-3所示。

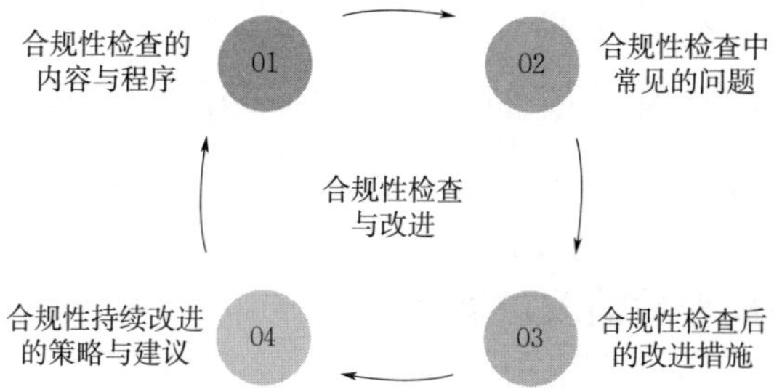

图 8-3 合规性检查与改进

一、合规性检查的内容与程序

合规性检查的内容通常包括对企业财务报告的准确性、税务申报的正确性和内部财务控制的有效性进行评估。检查程序则涉及对相关财务记录的审查、对内部控制系统的测试及对税务合规性的评估。在这一过程中，检查人员需要运用专业知识和经验，确保检查的全面性和深入性。

例如，某企业进行年度合规性检查时，发现其财务报表中存在对存货价值高估的问题。通过审查原始凭证和盘点存货，检查人员发现企业未及时调整存货跌价准备，导致财务报表不准确。针对这一问题，企业采取了改进措施，加强了存货管理流程，并对财务人员进行了专业培训。

二、合规性检查中常见的问题

在合规性检查中，企业可能会遇到多种问题，如财务报表中的错误或遗漏、税务申报的不规范操作、内部控制系统的缺陷等。这些问题的存在不仅影响企业的财务健康，还可能导致法律风险和声誉损失。因此，及时发现并解决这些问题对于企业来说至关重要。

例如，某企业在合规性检查中被发现未按规定缴纳增值税，原因是财务部门对税法理解不足，导致税务申报出现错误。企业因此面临补税和罚款，同时声誉受损。为解决这一问题，企业聘请了税务顾问，对财务人员进行税务知识培训，并建立了税务申报复核机制。

三、合规性检查后的改进措施

针对合规性检查中发现的问题，企业需要实施一系列改进措施。例如，某企业在合规性检查后发现其内部控制流程存在缺陷，导致项目成本核算不准确。为解决这一问题，企业重新设计了内部控制流程，增加了项目成本审核环节，并引入了先进的财务软件系统，以提高成本核算的准确性。

四、合规性持续改进的策略与建议

企业需要建立一套完善的合规管理体系，定期进行自我检查和评估。此外，企业还应关注外部法规的变化，及时调整内部政策以适应新的合规要求。通过持续的改进和优化，企业能够确保其在不断变化的市场环境中保持合规性，从而实现可持续发展。

例如，某企业在全球范围内实施了合规性持续改进计划，建立专门的合规部门，负责定期对各地区分支机构进行合规性检查，并根据检查结果制定改进措施。同时，企业密切关注各国法律法规的变化，及时更新内部政策和程序。通过这一策略，该企业成功避免了多起潜在的风险，保持了良好的企业形象和市场竞争力。

后记

写完第八章，意味着我们已经充分地剖析了中小企业合规管理的全部内容，从财务合规的概述到税务合规的策略及规划，再到会计与审计的深入探讨，我们可以从本书中获得较为全面的合规知识框架。

在编写过程中，我一直铭记初心：为读者提供专业的知识。希望在阅读本书后，无论是对财税合规领域较为生疏的初入者，还是已经深耕财税合规领域多年的资深从业者，都可以有所收获。此外，我也期望本书能成为您在面对相关问题时的得力助手，助您一臂之力，解决实际问题。

合规管理是一个不断发展、不断创新的领域，新的法规、新的挑战和新的机遇都可能不定时地出现或更新。因此，我强烈鼓励读者要持续关注合规动态，坚持学习和适应，以此确保企业和个人能够与时俱进，努力走在合规的前沿。

在此，我要向每一位读者致谢，十分感谢你们的陪伴与支持。希望这本书能够为处于企业合规管理阶段的您带来实质性的帮助，同时也期待得到您的反馈与建议。

最后，愿每一家中小企业都能够在合规的道路上越走越远、越行越稳，实现健康运营和长久发展。